工学一体化新形态教材

新能源汽车动力电池及管理系统检修

主　编　郑礼民　姜　著

副主编　叶晓露　毛立发　高志康　朱佳明

电子工业出版社

Publishing House of Electronics Industry

北京·BEIJING

内 容 简 介

本书内容包括新能源汽车动力电池及管理系统认知、新能源汽车动力电池单体检修、新能源汽车动力电池包检修、新能源汽车 BMS 检修、新能源汽车整车动力电池系统检修、新能源汽车动力电池模组检修、废旧动力电池梯次利用与资源化等学习内容。本书注重工学一体化，从实践中归纳的典型工作任务入手，秉持实用性、先进性的原则，帮助学生系统掌握相关技能，为从事新能源汽车行业打下坚实基础。

本书可作为职业院校新能源汽车技术等相关专业的教学用书，也可作为新能源汽车维修企业的培训用书和相关技术人员的参考用书。

图书在版编目（CIP）数据

新能源汽车动力电池及管理系统检修 / 郑礼民，姜

著主编． -- 北京 ：电子工业出版社，2024. 11.

ISBN 978-7-121-50291-0

Ⅰ．U469.720.7

中国国家版本馆 CIP 数据核字第 2025EA1364 号

责任编辑：左　雅

印　　刷：涿州市京南印刷厂

装　　订：涿州市京南印刷厂

出版发行：电子工业出版社

　　　　　北京市海淀区万寿路 173 信箱　邮编　100036

开　　本：787×1 092　1/16　印张：12.75　字数：302 千字

版　　次：2024 年 11 月第 1 版

印　　次：2024 年 11 月第 1 次印刷

定　　价：39.80 元

前　言

随着新能源汽车技术的快速发展和国家政策扶持力度的加大，新能源汽车行业发展迅猛，产销量大幅增长，对新能源汽车的生产制造与售后服务人员的需求逐步增加。

党的二十大报告指出，"教育、科技、人才是全面建设社会主义现代化国家的基础性、战略性支撑。"本书以党的二十大精神为指引，充分发挥教材的铸魂育人功能，深入贯彻实施党的二十大报告提出的产教融合理念，由职业院校教师和企业高级工程师倾力合作打造。

随着我国汽车产量的逐年增长，汽车带来的环境污染、能源短缺等问题日益凸显，加快发展新能源汽车已成为全世界的共同期望。近年来，新能源汽车产业得到了国家政策及资金的大力支持，新能源汽车市场也因此迅猛发展，新能源汽车的需求缺口巨大。2020年，新能源汽车人才需求总量为85万人，缺口约为68万人。培养新能源汽车技术人员任重道远。

新能源汽车对于职业教育来说是全新的领域，为满足新能源汽车市场对新能源汽车人才的需求及职业院校新能源汽车专业的教学要求，衢州市技师学院（衢州市工程技术学校）郑礼民、姜著组织编写了本书并担任主编。本书采用基于工作过程的方法进行组织编写。在对企业进行充分调研的基础上，编者对本书的内容进行了整合，按照新能源汽车维修岗位应掌握的技能和知识，对动力电池及其管理与检修进行全方位讲解。全书分为7个项目，分别为新能源汽车动力电池及管理系统认知、新能源汽车动力电池单体检修、新能源汽车动力电池包检修、新能源汽车 BMS 检修、新能源汽车整车动力电池系统检修、新能源汽车动力电池模组检修、废旧动力电池梯次利用与资源化。每个项目还包含若干任务，每个项目配备实训工单，根据学生的学习规律，循序渐进，提高学习效果。

由于编者水平有限，书中难免有不足之处，恳请广大读者批评指正。

编　者

目　录

项目一　新能源汽车动力电池及管理系统认知

◎ **知识目标** ◎

1. 了解动力电池的基础知识和功能类型。
2. 了解电池管理系统。
3. 具备辨识动力电池主要部件的能力。

动力电池简介

◎ **能力目标** ◎

1. 能够使用专业工具和诊断设备对电池单体进行故障检测。
2. 能够安全地拆卸和重新装配电池单体。
3. 能够对电池单体进行性能测试。

◎ **素质目标** ◎

1. 探索我国动力电池产业的发展历程，了解其重要性，树立职业自豪感。
2. 加强学生对电池安全重要性的认识，确保其在电池检修过程中严格遵守安全规程。

━━━━━━━━━━///////// 项目导入 \\\\\\\\\━━━━━━━

　　动力电池作为新能源汽车高压部件之一，主要应用于各类电动设备，尤其是电动汽车，为设备提供持续、可靠的电能供应。新能源汽车动力电池作为绿色能源的重要储存与置换装置，日益受到重视。新能源汽车的发展是国家战略，体现了国家对减少环境污染、推动绿色发展的决心。本项目旨在教育学生认识到发展新能源汽车对于国家能源安全和环境保护的重要性，培养学生的爱国情怀。

　　通过本项目的学习，学生能够了解动力电池的主要类型，熟悉其结构及工作原理，为后续实践学习奠定基础。

任务一　调研分析新能源汽车动力电池

◎ **任务引入** ◎

新能源汽车的发展是我国由汽车大国迈向汽车强国的必由之路，其中动力电池以电能为动力，使用过程中无尾气排放，显著减少了对环境的污染。与传统燃油车相比，电动汽车在全生命周期内的碳排放量通常更低，尤其在使用阶段，有助于改善空气质量、缓解城市热岛效应，对实现全球气候目标及绿色可持续发展具有重要意义。

◎ **任务目标** ◎

1. 掌握动力电池的定义及类型。
2. 能够准确描述不同类型动力电池的工作原理。
3. 培养互相交流沟通、阅读资料、自主学习的能力。

◎ **知识链接** ◎

引导问题1：

什么是动力电池？它是如何分类的？具体的结构功能是什么？

一、动力电池基础认知

（一）动力电池的定义

新能源汽车是采用非常规车用燃料作为动力来源（或者使用常规车用燃料、采用新型车载动力装置），综合车辆的动力控制和驱动方面的先进技术而形成的技术原理先进、具有新结构的汽车。新能源汽车的发展旨在应对能源危机、环境污染和汽车产业转型升级的挑战。

动力电池是为新能源汽车的动力系统（见图 1-1）提供能量的蓄电池。动力电池是新能源汽车的核心部件，也是未来能源转型的重要方向，其主要区别于用于汽车发动机启动的电池。在实际应用中，多采用阀口密封式铅酸蓄电池、敞口式管式铅酸蓄电池和磷酸铁锂蓄电池。

动力电池的主要功能是为纯电动车、混合动力汽车等新能源汽车的动力系统提供能量。动力电池可以接受来自多种能源的能量补给，如电网电力、太阳能、风能、水能等，这不仅有利于优化能源结构，减少对石油等非可再生资源的依赖，还使得车辆充电更具灵活性。

（二）动力电池的分类

按照动力电池的能量来源分类，动力电池可分为化学电池、物理电池、生物电池三大类，如图1-2所示。其中，化学电池是利用物质的化学反应发电的电池，物理电池是利用光、热、物理吸附等物理能量发电的电池，生物电池是利用生物化学反应发电的电池。

图 1-1　新能源汽车的动力系统

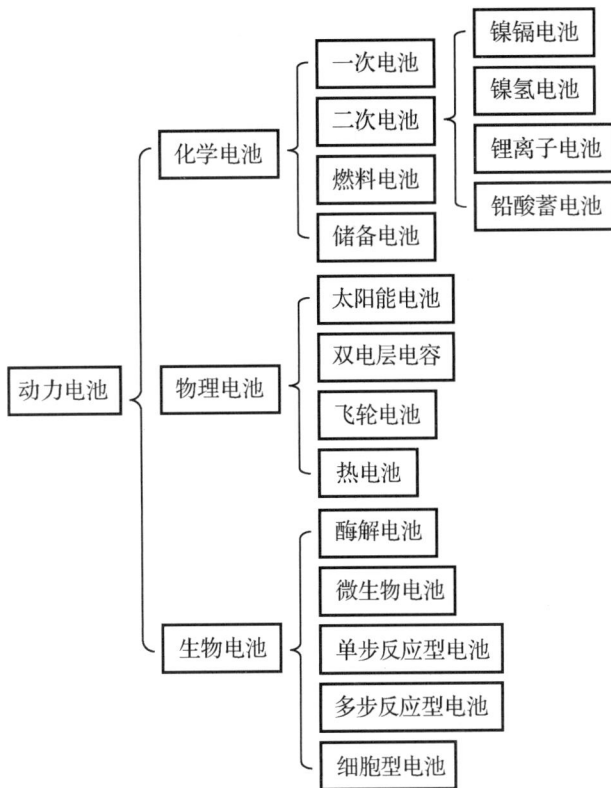

图 1-2　动力电池的分类

新能源汽车动力电池类型主要为磷酸铁锂电池、三元聚合物锂电池、镍氢电池和燃料电池。

引导问题 2：

请查阅相关资料，列举几种常见的动力电池并说明它们的类型。

1. 锂离子电池

锂离子电池如图1-3所示，它的前身是锂金属电池，源于1912年，当时的锂金属电池是一种一次性放电后就不能再次充电的电池（一次电池）。其负极材料用的是金属锂，正极材料用的是二氧化锰。1985年，第一个可再充锂电池（二次电池）出现。

新型高能电池——锂离子电池的负极用的是石墨等，正极用的是磷酸铁锂（LFP）、钴酸锂（LCO）、钛酸锂等。锂离子电池是目前纯电动汽车动力电池研发的主要方向。锂离子电池因优越的性能和成熟

图 1-3　锂离子电池

的技术，已成为当前新能源汽车最常用的电池类型之一。

以下是锂离子电池在新能源汽车中广泛应用的优势。

（1）高能量密度。锂离子电池具有较高的能量密度。这意味着在相同的体积和质量下，它可以储存更多的电能，提供更长的续航里程。这对于消除消费者的"里程焦虑"、提升电动汽车的适用性和市场竞争力至关重要。

（2）长循环寿命。优质的锂离子电池在合理的充放电条件下，可实现数千次甚至上万次的充放电循环，且容量衰减较为缓慢。这确保了新能源汽车在使用寿命内能够保持良好的电池性能，降低用户的更换成本。

（3）快充性能。相较于其他类型的电池，锂离子电池通常具有更好的快充性能，能够在较短的时间内补充大量的电能。随着快充技术的不断进步，新能源汽车的充电时间显著缩短，进一步提升了其使用便利性。

（4）宽广的工作温度范围。锂离子电池能在较宽的温度范围内保持较好的工作性能，适应各种气候条件下的行车需求。通过配备有效的热管理系统，可以进一步确保锂离子电池在极端温度下仍能安全、高效地运行。

（5）环保与可持续性。锂离子电池在使用过程中无尾气排放，降低了对环境的影响。同时，随着电池回收利用技术的发展，退役动力电池得以高效回收，减少了资源消耗和环境污染，符合新能源汽车产业的绿色可持续发展要求。

综上所述，锂离子电池凭借其高能量密度、长循环寿命、快充性能、宽广的工作温度范围、环保与可持续性、产业成熟度高和持续的技术创新潜力，成为当前新能源汽车最常用的电池类型之一。随着市场需求的增长和技术进步，锂离子电池将在推动新能源汽车产业繁荣、助力全球能源转型中继续发挥核心作用。

2. 镍氢电池

镍氢电池是一种性能良好的蓄电池，如图1-4所示。镍氢电池分为高压镍氢电池和低压镍氢电池。镍氢电池的正极活性物质为$Ni(OH)_2$（电极称NiO电极），负极活性物质为金属氢化物，也称储氢合金（电极称储氢电极），电解液为6mol/L的氢氧化钾溶液。

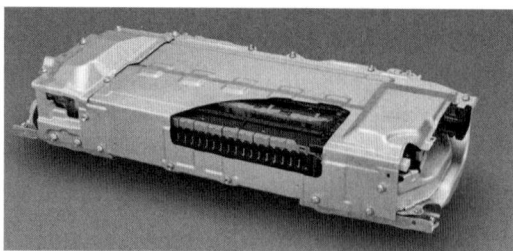

图1-4 镍氢电池

镍氢电池性能优良，具有以下显著特点。

（1）环保。镍氢电池不含铅、镉等重金属，符合环保要求，属于绿色环保电池。其生产和废弃处理过程对环境的影响较小，有利于可持续发展。

（2）无记忆效应。与镍镉电池相比，镍氢电池在使用过程中几乎不存在"记忆效应"，即不需要定期进行完全充放电来维持其容量，用户可以随用随充，使用更加方便。

（3）宽广的工作温度范围。镍氢电池可以在-30～55℃的温度范围内正常工作，储存温度范围更宽，为-40～70℃，显示出良好的高低温适应性，适用于各种气候条件下的应用场合。

（4）较高的安全性。镍氢电池在短路、挤压、针刺、安全阀动作、跌落、加热、振动等安全性测试中表现出良好的抗滥用能力，无爆炸、燃烧风险，具有较高的安全性。

镍氢电池虽然经常被锂离子电池等取代，但在一些特定场合仍具有无可替代的价值。

3. 铅酸蓄电池

铅酸蓄电池是当前所有重要的蓄电池中最老的可充电蓄电池，于1859年由法国人普兰特（Plante）发明，至今已有一百多年的历史。铅酸蓄电池的正极是二氧化铅，负极是铅，电解液是硫酸溶液，单个电池电压达2.1V。在放电状态下，正极二氧化铅和负极铅在硫酸溶液的作用下发生电化学化应，生成硫酸铅；在充电状态下，硫酸铅和水发生电解反应，在正极生成二氧化铅，在负极生成铅和硫酸。铅酸蓄电池主要由正极板、负极板、电解液、隔离板、电槽、池槽、上盖/顶盖等组成。铅酸蓄电池的外壳一般采用工程塑料制成，如PVC（聚氯乙烯）或ABS（丙烯腈、丁二烯、苯乙烯）材料等。铅酸蓄电池的结构如图1-5所示。

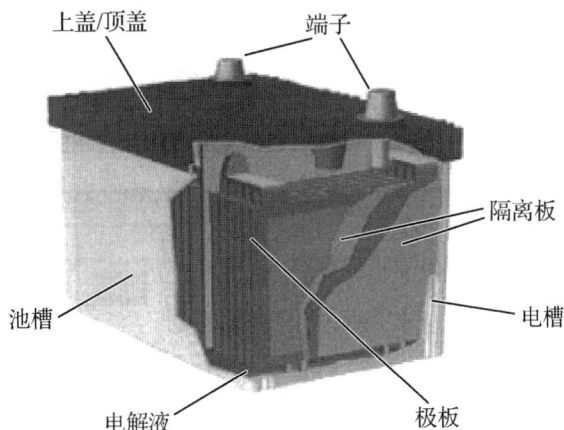

图1-5　铅酸蓄电池的结构

铅酸蓄电池是一种历史悠久且应用广泛的传统可充电电池，其主要特点如下。

（1）成本低。铅酸蓄电池的原材料易得、生产工艺成熟，制造成本相对较低，是目前市场上最具价格竞争力的电池类型之一。

（2）大电流放电能力强。铅酸蓄电池能够承受较大的放电电流，具有较强的短时大功率输出能力，适用于需要瞬间启动或提供高功率输出的场合，如汽车启动、应急备用电源等。

（3）具有可修复性。铅酸蓄电池的电极活性物质在一定程度上可以通过充电过程再生，当电池容量下降时，可通过均衡充电、添加电解液或修复电极等方式进行维护和恢复，延长使用寿命。

（4）具有可回收性。铅酸蓄电池的铅、硫酸等主要成分均可回收再利用，具有较高的资

源回收价值。

因此，铅酸蓄电池以成本低、大电流放电能力强、具有可修复性和可回收性等特点，在新能源汽车等领域占据重要地位。但其也存在一些缺点，如能量密度低、自放电率高、需要维护及对环境有潜在影响等。

（三）动力电池的功用

作为现代科技领域的关键组成部分，动力电池在众多应用中发挥着至关重要的作用，如图 1-6 所示。动力电池主要涉及电池材料和电池系统两个方面，两者相辅相成。在电池材料方面，主要涉及正极、负极、电解液、隔膜等方面的技术创新；在电池系统方面，主要涉及电池组装和电池管理系统等方面的技术创新。

图 1-6　动力电池的功用

1. 能量存储与供应

动力电池的核心功能在于储存电能，并在需要时将其转化为动力输出。动力电池作为新能源汽车的心脏，为设备运行提供持续、稳定的电力支持。

2. 环保节能

相较于传统的燃油动力系统，动力电池具有显著的环保优势。动力电池在使用过程中不排放有害气体，有助于降低碳排放量，符合全球节能减排、应对气候变化的战略目标。

3. 灵活轻便

动力电池质量小、体积小，易于安装于各种形态和尺寸的设备中。其充电方式灵活，可通过电网电力、太阳能、风能等多种方式补给电能，摆脱了对固定燃料供应设施的依赖，提高了使用的便利性。

二、动力电池行业术语

1. 安培

电池中电流的单位为安培。

2. 电极

电池装配完成后，有正极和负极之分。

3. 负极片

负极片是电芯负极的末端，通常由表面涂覆石墨、碳或其他高电导率材料的铝或铜薄片制成。

4. 正极片

与负极片相反，正极片是电芯正极的末端，通常由表面涂覆磷酸铁锂（LFP）、钴酸锂（LCO）、镍钴锰酸锂（NMC）、锰酸锂（LMO）等含锂材料的铜或铝薄片制成。

5. 电解液

电解液是液体或凝胶状物质，是锂离子在电池正、负极之间来回传递的载体。

6. 隔膜

隔膜通常由聚乙烯、聚丙烯等聚烯烃类材料制成，主要作用是将电芯正、负极分隔开，防止内短路。隔膜必须允许锂离子在正极和负极间通过。

7. 卷绕

卷绕是指将正极、负极和隔膜堆积或者卷绕在一起，然后将其放入罐体或袋中。

8. 电池管理系统

电池管理系统（Battery Management System，BMS）是电池组内部的控制系统。BMS具有充/放电管理、电池热管理、接触器控制、功率控制、电池异常状态报警和电池保护、荷电状态（SOC）/健康状态（SOH）计算、自检和通信等功能。在BMS中还有电池信息采集器，其主要作用是电池电压采样、温度采样、电池均衡、采样线异常检测等。BMS还会对上述功能进行实时诊断和校验，一旦发现系统出现故障，就会启动冗余方案，确保自身的感知能力始终处于灵敏状态。

9. 电池热管理系统

电池热管理系统的作用是使电池在合适的环境温度下工作，最大限度地发挥电池的潜力。电池的表现和环境温度密切相关，要避免电池在极端情况下工作，让工作人员能最大限度地保障系统的安全，防止热失控带来电池起火或爆炸。电池热管理系统通过风冷、液冷、相变材料冷却等方式，使电池在适宜的温度范围内工作，防止过热导致电池性能下降及避免安全隐患。

10. 循环寿命

在规定条件下，完成一次充电和放电称为一个循环。循环寿命是指电池在容量衰减到某个规定值（如80%的初始容量）前所经历的完整充/放电循环次数。电池可以在不同功率、电压或者恒定倍率下进行充/放电。充/放电循环与电池寿命密切相关，一般来说，电池寿命用充/放电循环次数进行评估。

11. 标称电压

标称电压是指稳压热敏电阻器在25℃时标称工作电流所对应的电压。动力电池的标称电

压是指电池在 0.2C 的放电倍率下放电时全过程的平均电压，是一个近似数值。磷酸铁锂电池的标称电压为 3.2V，NMC 三元锂电池的标称电压为 3.6～3.7V，镍氢电池的标称电压为 1.2V。标称电压是一个规定的值，能保证供电部门向用户的用电设备提供合适的电压。

12. 能量密度

能量密度是指单位体积或单位质量电池所能储存的能量，通常以瓦时/升（Wh/L）或瓦时/千克（Wh/kg）表示，是衡量电池性能的重要指标之一。

13. 中值电压

中值电压是指电池放电到剩 50%初始容量时的电压。中值电压是衡量电池大电流放电能力与高倍率放电能力的重要指标。

14. 峰值电压

峰值电压是指电池充电截止电压，如磷酸铁锂电池的峰值电压为 3.65V、NMC 三元锂电池的峰值电压为 4.2～4.35V。

15. 终止电压

终止电压是指电池放电截止电压，如磷酸铁锂电池的终止电压为 2.5V。

16. 功率密度

功率密度是指单位体积或单位质量电池所能提供的最大功率，通常以瓦/升（W/L）或瓦/千克（W/kg）表示，反映电池瞬间放电能力。

17. 自放电

自放电是指电池在没有对外做功的情况下，其自身内部物质发生化学反应导致电池能量（容量）损失的现象，如图 1-7 所示。自放电较严重的电池往往表现为储存一段时间后出现低电压或零电压的现象。一般来说，锂电池的电量保持性能较好，自放电较少。

18. 容量

容量是指电池所能储存的电量，其单位是安·时（A·h）。

19. 放电深度

放电深度（DOD）是指电池使用过程中，电芯或电池组已经利用的额定容量的比例。浅循环蓄电池的放电深度不应超过 25%，深循环蓄电池可释放 80%的电量。放电深度如图 1-8 所示。

20. 荷电状态

荷电状态（SOC）是指蓄电池使用一段时间或长期搁置不用后的剩余容量与其完全充电状态的容量的比值，常用百分数表示，如图 1-9 所示。其取值范围为 0～100%，当 SOC=0% 时表示电池完全放电，当 SOC=100%时表示电池充满。

SOC 的主要影响因素有放电电流、温度、一致性、自放电和容量衰减。人们试图通过测量内阻、电压、电流的变化等推算 SOC，但截至目前，任何公式和算法都不能得到统计数据的有效支持，因为 SOC 总是呈非线性变化的。SOC 的主流计算方法及其优缺点如表 1-1 所示。

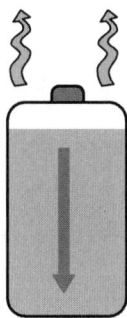

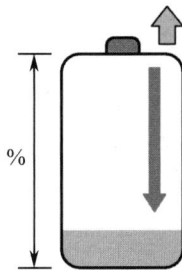

图 1-7 自放电　　　　图 1-8 放电深度　　　　图 1-9 荷电状态

表 1-1 SOC 的主流计算方法及其优缺点

SOC 的主流计算方法	优 点	缺 点
放电实验法	准确、可靠	必须中断，耗时长
安时积分法	计算较为简单	相对误差较大
开路电压（OCV）法	在数值上接近电池电动势	需要长时间静置
线性模型法	模型简单	不够准确
内阻法	与 SOC 关系密切	测量困难
卡尔曼滤波法	适合非线性模型	需要准确的模型算法
神经网络法	精度比较高	需要大量训练方法和数据

21．串联

串联是通过正极与负极逐个首尾相接而形成的结构，如图 1-10 所示。串联能增加电池包（Battery Pack）的电压。

22．并联

并联是电池平行连接，即正极接正极、负极接负极而形成的结构，如图 1-11 所示。并联能增加电池包的容量。

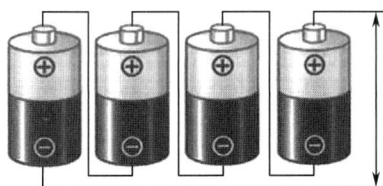

图 1-10 串联结构　　　　图 1-11 并联结构

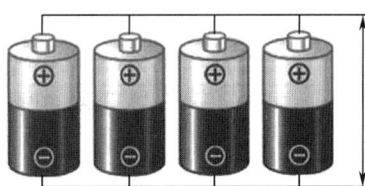

三、动力电池的结构及编码规则

动力电池编码规则按照中国汽车行业的统一标准制定，通常采用 24 位编码格式，包含多个信息段，以便于追踪和管理每块动力电池的生产信息、规格特征和状态等。

1. 动力电池的编码构成

动力电池的编码一般由一组具有特定含义的数字和英文字母构成，能够表示动力电池的主要属性并具有唯一性。编码对象为电池包、电池模组（Battery Module）、电池单体，以及梯次利用的电池包、电池模组、电池单体，且其编码具有对应关系，如图 1-12 所示。

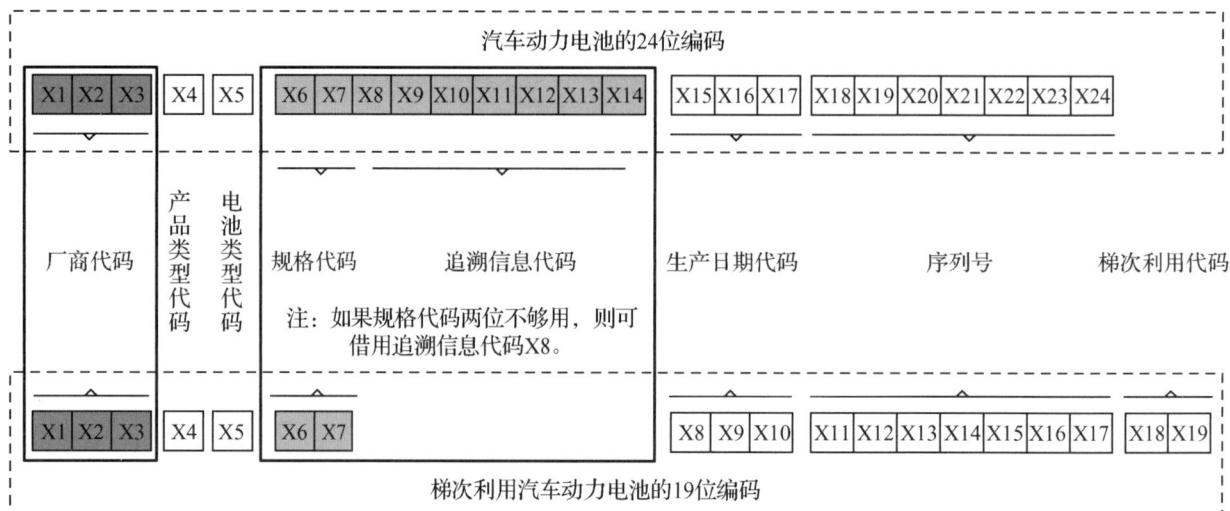

图 1-12　动力电池的编码构成

（1）厂商代码（X1，X2，X3）。前三位数字或字母，代表电池的生产厂商，由工业和信息化部按照一定的规则分配，确保每个厂商都有唯一的标识。数字或字母在企业提出申请后，由工业和信息化部统一分配。

（2）产品类型代码（X4）。第四位字符，用来区分电池的产品类型，如"P"表示电池包，"M"表示电池模组，"C"表示电池单体。

（3）电池类型代码（X5）。第五位字符，标识电池的化学体系，如"B"表示磷酸铁锂电池，"E"表示三元锂电池（NMC/NCA）。

（4）规格代码（X6，X7）。第六位和第七位字符，由厂商自定义，用于表示电池的具体规格和型号。此部分需要在相关部门备案。

（5）追溯信息代码（X8～X14）。由厂商自定义，用于追溯电池的生产批次、生产线或其他相关信息。这部分信息也需要在"汽车动力蓄电池编码备案系统"中登记。

（6）生产日期代码（X15～X17）。表示电池的生产日期，通常包含日期信息，由英文大写字母和数字组成。

（7）序列号（X18～X24）。作为流水号，表示当天生产的电池序号，从 0000001 开始递增，最高可达 9999999。

动力电池编码标识选择一维码或二维码形式均可，应使用耐磨损、耐腐蚀的介质承载，能保持字迹清楚、坚固耐久，并固定在便于识读、不易变形、不易磨损的位置，且不易被替换。通过上述 24 位编码，可以准确无误地识别和追踪每块动力电池的身份和历史记录，便于产品的品质控制、售后维护、回收利用等。

引导问题 3：

根据以上所学，分析下面动力电池编码的含义。

$$101PE052011A117AA0000100$$

2. 动力电池的结构

传统的动力电池可分为电芯/电池单体、电池模组、电池包/电池系统三个层面，不同车型的动力电池设计存在差异。

（1）电芯/电池单体。电芯/电池单体是最小能量储存单元，一个电芯的最简化的结构是正极、负极、隔膜、电解液，以及装有这些东西的容器，如图 1-13 所示。

根据封装方式、电芯形状的不同，市场上的电芯可分为两大类：硬壳电芯和软包电芯。硬壳电芯又可分为方形电芯和圆柱电芯。方形电芯、圆柱电芯多用硬壳（钢壳、铝壳）封装。电芯的分类如图 1-14 所示。

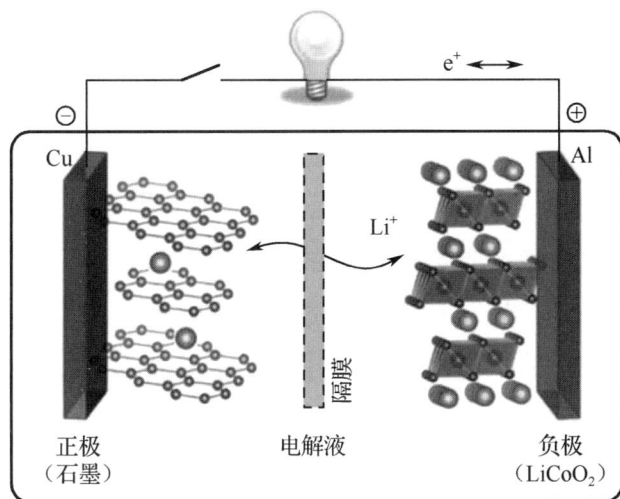

图 1-13 电芯的最简化的结构

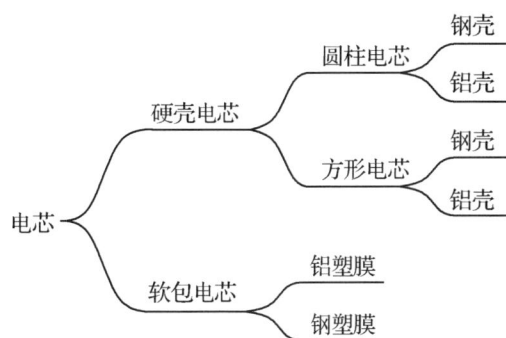

图 1-14 电芯的分类

① 方形电芯。方形电芯是国内较早推广的一种动力电池形式，相较于其他电芯占比最大。壳体采用铝合金、不锈钢等材料制成，结构简单且强度高，承受机械载荷能力好，系统能量密度相对较高。常见的方形电芯如图 1-15 所示。

一个典型的方形电芯的主要组成部件包括顶盖，壳体，由正极板、负极板、隔膜组成的叠片或者卷绕，绝缘件，以及安全组件等。图 1-16 所示为方形电芯中裸电芯的结构。

② 圆柱电芯。典型的圆柱电芯的结构如图 1-17 所示，包括正极、负极、隔膜、外壳、盖帽、垫片、安全阀等。圆柱电芯一般以盖帽为电池正极，以外壳为电池负极。圆柱电芯比表面积大，散热效果好，且投入市场应用较早，生产工艺成熟，与方形电芯、软包电芯相比，主要的优势是良品率高、一致性好，但

图 1-15 常见的方形电芯

劣势在于空间利用率和成组效率低。

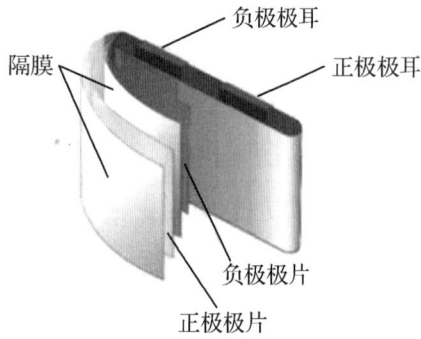

图 1-16 方形电芯中裸电芯的结构

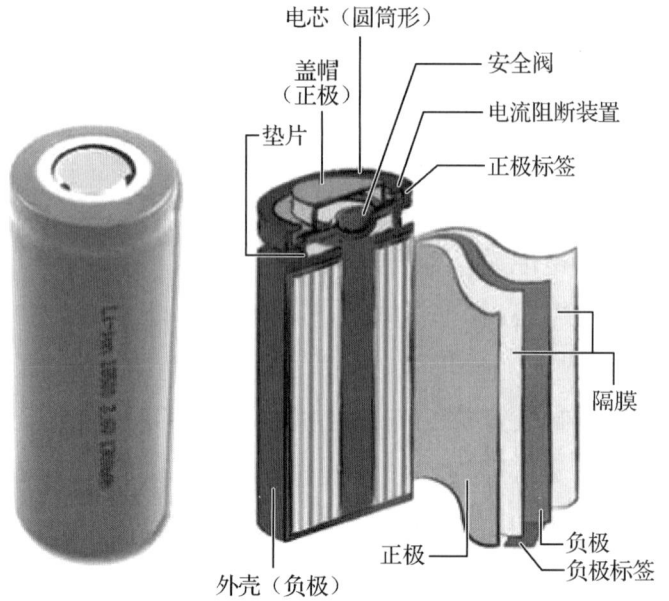

图 1-17 典型的圆柱电芯的结构

③ 软包电芯。软包电芯其实很常见，手机用的就是小型软包电芯。动力电池的软包电芯较大，用铝塑膜替代金属壳体，包裹着正/负极材料、隔膜和电解液。它的体型纤薄，单体能量密度较高，内阻小，但在安全性、可靠性和成组效率上存在一定的劣势。

（2）电池模组。单个电芯不足以驱动电动汽车，只有将多个电芯串联和并联，才能产生驱动电动汽车所需的高电压、大电量。电池模组指的是将多个电芯串联和并联，再加上起汇集电流、收集数据、固定保护电芯等作用的辅助结构件，所形成的模块化电池组。

（3）电池包/电池系统。电池包往往是由若干电池单元、热管理系统、BMS、电气系统及结构件组成的。对于传统的电池包来说，电池单元指的是电池模组。

电池包的结构如图 1-18 所示。

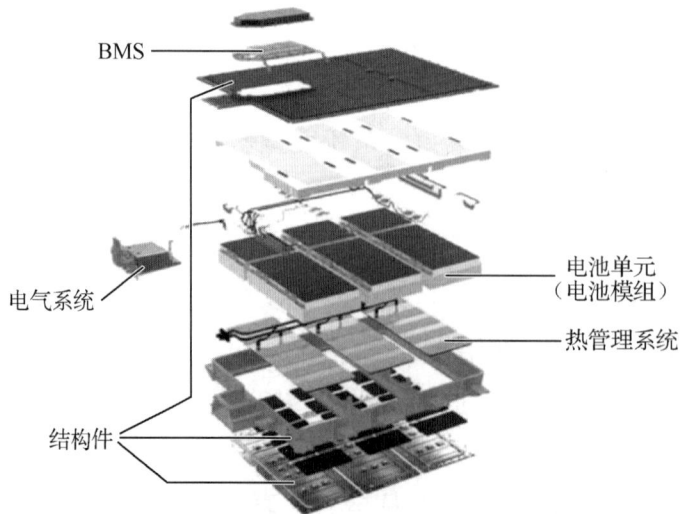

图 1-18 电池包的结构

任务二 调研分析新能源汽车 BMS

◎ 任务引入 ◎

如今，新能源汽车的快速发展使动力电池成为关键驱动源，而人们在使用动力电池的过程中，非常容易发生动力电池过量放电和过量充电的情况，这可能会极大地损害电池的性能，甚至导致爆炸。因此，非常有必要设计一个系统来对动力电池进行实时监控和管理，让动力电池处于最佳的性能和安全状态。

通过学习 BMS 的原理，结合实践，学生会对职业有所认识，养成独立学习的习惯。

◎ 任务目标 ◎

1. 了解 BMS 的行业发展现状。
2. 掌握 BMS 的结构组成与工作原理。
3. 具备匹配合适的 BMS 的能力。
4. 了解 BMS 的发展趋势，明确自身的职业方向。

◎ 知识链接 ◎

引导问题 1：
请查阅相关资料，写出目前限制我国 BMS 产业发展的因素。

一、BMS 的行业现状

BMS 的引入是为了确保电池在整个生命周期内安全、高效、稳定运行，并延长电池的使用寿命。其广泛应用于电动汽车、储能系统、无人机等领域。随着清洁能源和智能交通的发展，BMS 的市场需求不断增长，成为新能源产业链中的重要环节。

（一）BMS 的应用领域

BMS 作为实时监控、自动均衡、智能充放电的电子部件，应用范围广泛，涵盖了多个行业，特别是那些依赖于高效、安全、长寿命电池技术的行业。作为电池的"大脑"，当前 BMS 主要应用于以下领域。

1. 汽车领域

新能源汽车如图 1-19 所示。新能源汽车包括纯电动汽车、插电式混合动力汽车等。BMS 对新能源汽车起着至关重要的作用，用于监控和管理车载电池的状态，确保电池在复杂工况下安全、可靠地运行，延长电池的使用寿命，并优化车辆的性能。

图 1-19　新能源汽车

在电动公交车、电动物流车、电动叉车中，BMS 不可或缺，确保了电池在高强度作业中的稳定性和持久性。

2. 工业领域

（1）储能系统：BMS 在储能系统中用于管理电池的充放电过程，确保电池的安全运行和高效利用。大规模的储能电站使用储能系统时，BMS 负责管理电池的充放电过程，避免损害电池，延长电池的使用寿命，并优化电力调度，保持高能源利用率和系统稳定。

（2）工业自动化设备：包括无人搬运车、工业机器人、无人驾驶设备等，BMS 确保电池在高强度工作负荷下的性能和安全，监测电池状态，提供电量预警，确保设备的安全和稳定。

（3）太阳能和风能储能：在可再生能源发电系统的储能环节，结合太阳能的发电系统和储能系统，BMS 可以实现对太阳能电池板和电池组的监控和管理，优化能源利用效率，实现自给自足的清洁能源供电。

3. 其他领域

在医疗设备中，BMS 可用于管理医疗设备的备用电池，确保医疗设备在停电等紧急情况下能够正常运行。BMS 应用于便携式医疗设备和植入式医疗器械中，能确保电池安全、稳定地供电，避免对人体造成伤害。

总体来说，BMS 在任何以电池为主要能源来源，且对电池性能、安全、寿命有严格要求的领域都有着广泛的应用。随着新能源产业的快速发展，BMS 的应用领域将不断扩大，为各行业带来更多的创新和发展机遇。

（二）BMS 的发展阻碍

BMS 在发展过程中也面临一些阻碍和挑战，包括技术难题、成本挑战和市场与政策因素等。

1. 技术难题

BMS 的研发涉及多个领域的技术，包括电池参数监测、充放电控制、故障诊断等。精确估算电池的荷电状态（SOC）、健康状态（SOH）和剩余放电能力（SOF）一直是 BMS 的重大技术难题。复杂的电池化学反应、温度影响、老化效应和使用条件的变化，使得精确测量和预测电池的状态变得十分困难。

电池组内电池单体的一致性问题影响着电池的性能和寿命。BMS必须能够有效解决电池单体间的不一致性，以确保整个电池包的性能和安全。

2. 成本挑战

BMS的成本相对较高，包括硬件设备、软件开发、测试验证等方面。BMS技术的持续研发和更新需要巨大的资金投入，尤其在满足不断提高的安全标准（如 ISO 26262 功能安全认证）和性能要求方面。

BMS所需的传感器、控制芯片、通信模块等硬件的成本较高，且随着电池组容量和电压平台的提高，这些硬件的成本也会相应增加。

3. 市场与政策因素

随着新能源汽车、储能系统等领域的快速发展，对 BMS 的需求在不断增加，但市场需求的不确定性也存在。各地法律法规和监管政策对 BMS 的要求和认证标准可能会滞后于技术发展，从而对产品上市和推广造成影响。

市场竞争加剧、国内外众多企业竞相进入 BMS 市场，导致市场竞争加剧，因此企业需要不断优化产品和创新才能在市场中立足。

总体而言，BMS 的发展障碍既有技术层面的瓶颈，又有市场化应用的挑战，需要全产业链共同努力，推进技术革新和标准制定，以满足新能源汽车领域及其他领域对高性能、高安全性的 BMS 的需求。

引导问题 2：

请查阅资料，说出 BMS 的分类及优缺点。

二、BMS 的类型

用于纯电动汽车的 BMS 主要有集中式 BMS 与分布式 BMS 两类，如图 1-20 所示。

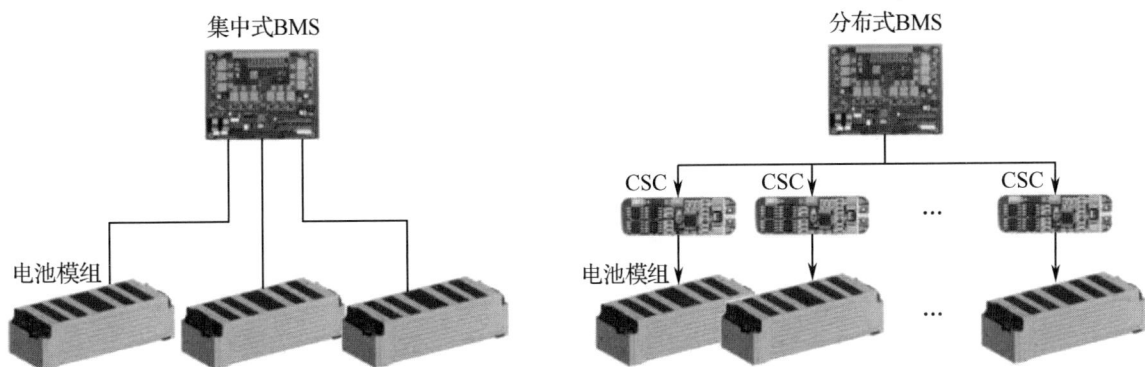

图 1-20 BMS 的类型

（一）集中式 BMS

集中式 BMS 在电芯成组过程中将主控板与电池的检测板，甚至绝缘检测模块都安装在

一起，内部通过线束连接成一个整体，所有的电池单元都通过传感器将信息汇集到一个中央处理器中进行统一管理，但中央处理器一旦发生故障，整个电池组的运行就会受到影响。集中式 BMS 很紧凑，也是最经济的，但不能进行分级管理。

集中式 BMS 的优点是能最大限度地减少硬件的数量、结构简单、开发成本低，以及算法应用相对简单。其缺点是增加了电池组中线束的数量；仅通过一块主控板管理整个动力电池，导致接线比较复杂；只能对电池组的信息进行采集，不能对每个电芯进行管理，安全性相对较弱；技术难度大，不能对每个电芯进行检测，对信号的处理要求高。

（二）分布式 BMS

分布式 BMS 有一个主控制器位于中央，每个电池模组或电池单体都配置了独立的子控制器，子控制器之间通过网络通信进行数据交换和控制指令下达，提高了系统的冗余度和可靠性。整个系统包括单体蓄电池组管理单元（CSC）、电池管理控制器（BMU）、继电器控制器和整车控制器，能实现很好的分级管理。

分布式 BMS 的优点是各电池信息采集器之间通过 CAN 网络进行通信，可以减少线束的使用，每个电池模组上的柔性印制电路板（PCB）对电池的电压、温度进行采集，同时可进行被动均衡；每个柔性 PCB 最多可采集 12～16 个电芯的信息；通过总线进行连接与通信，采集的数据可以就近处理，精度高；对电池有更好的管控作用。其缺点是相较集中式 BMS 增加了较多的硬件，成本相对较高；数据由串行总线传输，使系统巡回检测的速度受限，且数据实时性不强。

三、BMS 的结构

BMS 包含硬件和软件两部分。硬件由一个或多个电子控制器组成，包括电池管理器、电池信息采集器、霍尔电流传感器、主控单元、通信模块等。软件包括底层软件和应用层软件，可以用来监测电池的电压、电流、SOC、绝缘电阻、温度。

（一）电池管理器

电池管理器是一个连接外部通信和内部通信的平台，如图 1-21 所示。

它的主要功能如下。

（1）实时接收电池信息采集器采集的电池单体电压、温度、均衡等信息。

（2）接收绝缘模块反馈的高压系统绝缘状态和电流情况。

（3）确保 BMS 与网关控制器和整车进行通信。

（4）确保 BMS 与直流充电桩进行通信。

（5）确保 BMS 控制接触器吸合或断开、控制充/放电电流和进行电池热管理控制。

（6）在充电等情况下发起网络唤醒的控制。

（7）对电池组进行 SOC 和 SOH 估算。

图 1-21　电池管理器

（二）电池信息采集器

电池信息采集器（见图 1-22）主要用于电池电压采样、温度采样、蓄电池均衡、采样线异常检测等，将采集到的数据通过电池子网反馈给电池管理器。

图 1-22　电池信息采集器

下面讲解电池电压采样的相关内容。一般通过电池单体串联的方式提供所需的电压等级。在这个过程中，采样芯片的采样通道也按照串联的顺序连接，以便监测每个电池单体的性能参数。

为了实现对电池单体的准确采样，通常会在采样通道上接入一个滤波电路。大多数采样芯片会采用基本的 RC 滤波电路。一个 100Ω 的串联电阻与一个滤波电容并联可以构成滤波电路，如图 1-23 所示。

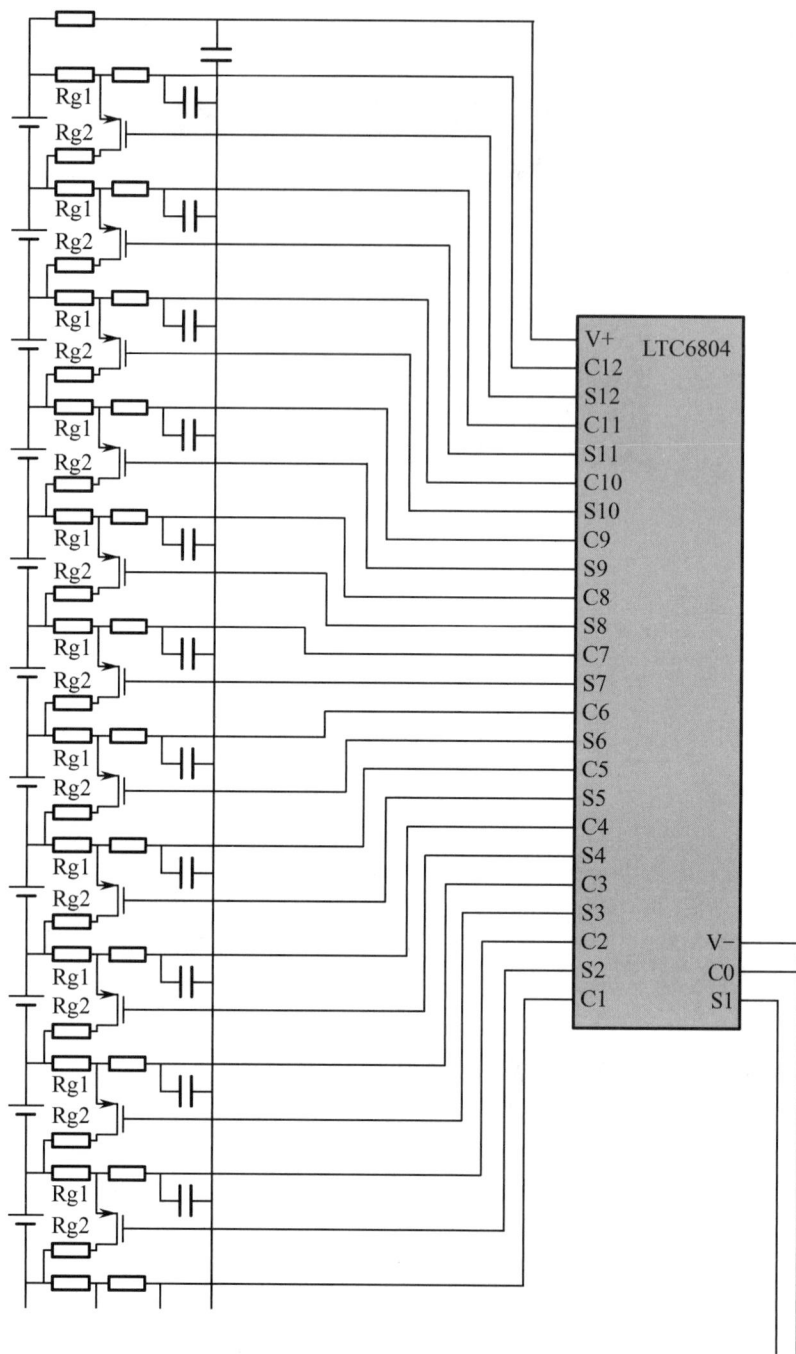

图 1-23　滤波电路

　　这种 RC 滤波电路可以有效地滤除高频噪声，提供较为纯净的采样信号，确保采样芯片能够准确地测量电池单体的电压和其他参数。通过合理设计 RC 滤波电路的参数，可以适配不同的采样芯片和电池系统，满足特定应用场合的需求。

　　需要注意的是，RC 滤波电路的设计和选择应考虑电池系统的整体性能，包括采样精度和响应时间等。此外，为了确保整个电池系统的可靠性和安全性，还应关注 RC 滤波电路的电磁兼容性（EMC）和耐久性。

（三）霍尔电流传感器

霍尔电流传感器最初在日系混合动力汽车上使用较多，现在发展为由智能的分流器完成电压和电流的采样，通过串行总线传输，甚至可以在传感器内部实现电池 SOC 的估算。霍尔电流传感器套在高压母线上。霍尔电流传感器在参数测量过程中能实现主电路回路和单片机系统的隔离，安全性更高。

（四）主控单元

主控单元整合各个功能模块的控制器，负责协调各个模块之间的工作，实现整个 BMS 的协调运行。

（五）通信模块

通信模块用于与外部系统进行数据交换和通信，包括与车辆控制系统、能源管理系统等的通信，以实现对电池系统的远程监控。

四、BMS 的功能及原理

（一）BMS 的工作原理

电池模组位于密封、屏蔽的动力电池箱内部，通过可靠的高低压插接器与整车的用电设备和控制系统连接。电池系统内的电池信息采集器可实时采集各电池单体的电压、各温度传感器的温度、电池系统的总电压和总电流、电池系统的绝缘电阻等数据，并根据 BMS 设定的阈值来判定电池工作是否正常，并对故障进行实时监控。此外，BMS 通过 CAN 在网关控制器中与整车进行通信，进行充电、放电等综合管理。BMS 的工作原理如图 1-24 所示。

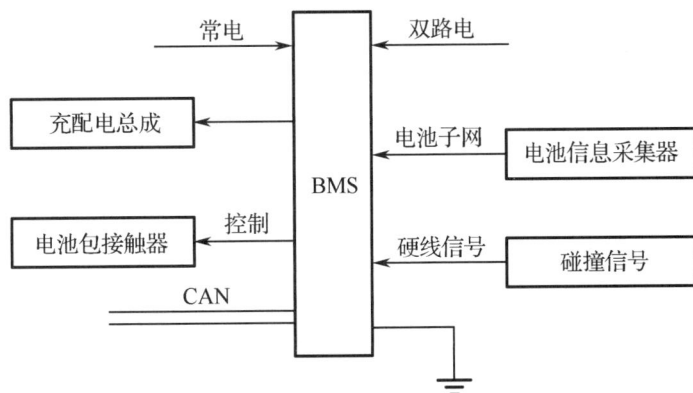

图 1-24 BMS 的工作原理

（二）BMS 的主要功能

BMS 的基本功能包括检测、计算、管理、保护等，主要功能如图 1-25 所示。

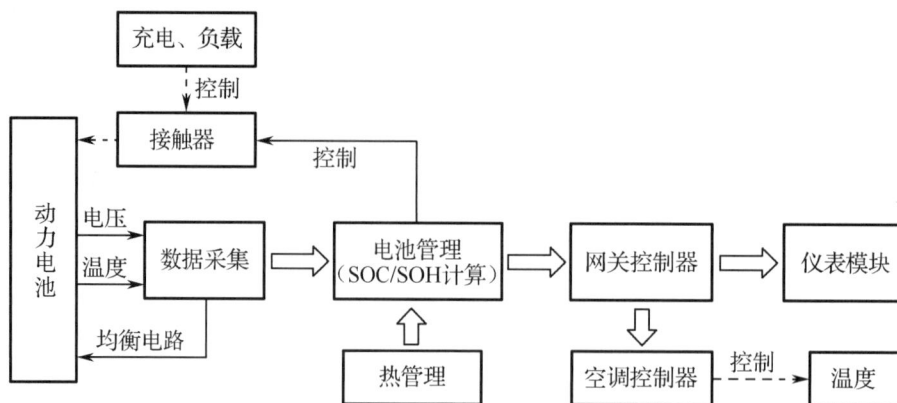

图 1-25 BMS 的主要功能

1. 状态检测

状态检测主要是对动力电池的电压、电流和温度等与自身安全运行相关的状态参数进行数据采集，然后把采集到的数据发送给主控模块并完成计算和处理，数据采集速率和精度是影响 BMS 性能的重要指标。

2. 电池状态计算

电池状态计算包括电池荷电状态（SOC）和健康状态（SOH）两方面。SOC 用来提示电池剩余电量，是计算和估计电动汽车续航里程的基础。SOH 用来提示电池技术状态、预计可用寿命等健康状态。

3. 数据采集

BMS 的所有算法都是以采集的动力电池数据作为输入的，采样速率、精度和前置滤波特性是影响 BMS 性能的重要指标，电动汽车 BMS 的采样速率一般要求大于 200Hz（10ms）。这些参数包括电池单体的电压、电池组的总电压、充放电电流、电池温度等，这些数据是判断电池状态和做出管理决策的基础。

4. 能量控制

能量控制功能主要包括以电流、电压、温度、SOC、SOH 为对象进行充电过程控制，以 SOC、SOH、温度等为对象进行放电过程控制，以及制动能量的回收控制和一致性。

5. 均衡控制

当电池组中的电池单体因制造差异、老化程度不同等原因导致电压或容量不一致时，BMS 通过主动均衡或被动均衡技术，将能量从电压或容量较高的电池转移到电压或容量较低的电池单体中，使各电池单体在充/放电过程中尽可能保持一致，从而提高整个电池组的工作性能，延长电池组的使用寿命。

6. 通信功能

通过 BMS 实现电池参数和信息与车载设备或非车载设备的通信，为充放电控制、整车控制提供数据依据是 BMS 的重要功能之一。通过内部通信总线与电池单体的采集模块、其他车载电子控制系统（如车载充电机、电机控制器、整车控制器等）进行数据交换，实时上

传电池状态信息，并根据接收到的指令进行相应的控制操作。

7. 热管理

高级的 BMS 还会整合热管理功能，通过与车辆热管理系统联动，对电池进行适时的冷却或加热，以保证电池在适宜的温度范围内工作，避免因温度过高或过低导致性能下降或寿命缩减。热管理包括在电池工作温度超高时进行冷却，低于适宜工作温度下限时进行电池加热，使电池处于适宜的工作温度范围内，并在电池工作过程中保持电池单体间的温度均衡。对于大功率充、放电和高温条件下使用的电池，热管理尤为必要。

━·━━·━━·━━·━━━//////////　项目实施　\\\\\\\\\\\\━·━━·━━·━━·━

一、岗位派工

为达到控制要求，本项目引入电池技术专家、系统工程师、测试工程师、质量监督及技术维护员 4 个岗位，请各小组成员分别扮演其中一个岗位角色，参与项目实施。各岗位工作任务如表 1-2 所示，请各岗位人员按要求完成任务并在实训工单一中做好记录。

表 1-2　各岗位工作任务

岗 位 名 称	工 作 任 务
电池技术专家	提供电池技术的专业咨询服务，参与电池设计和性能优化
系统工程师	负责 BMS 的设计和开发，确保其可靠性和性能
测试工程师	对电池和 BMS 进行性能测试、安全测试和可靠性测试
质量监督及技术维护员	负责电池的日常维护和定期检查，确保电池的性能和安全

二、技术认知

1. 理论学习阶段

动力电池基础知识学习：学习和理解动力电池的类型、工作原理、性能参数（如能量密度、功率密度、循环寿命、安全性等）。

BMS 介绍：了解 BMS 的功能、组成（如中央控制器、采集模块、均衡模块、通信模块等），以及其在电池状态监控、SOC 估算、SOH 估算和故障诊断等方面的作用。

2. 实地参观与实物展示阶段

参观动力电池生产线：观摩动力电池的生产过程，了解电池模组和电池包/电池系统的组装工艺。

实物拆解分析：通过对新能源汽车 BMS 进行拆解，直观认识电池模组、BMS、冷却系统等关键部件的结构和布局。

3. 实训操作阶段

BMS 功能演示与操作：通过模拟软件或实际的 BMS 进行操作演示，让学生亲手操作，使其了解 SOC 估算、故障诊断、均衡控制等功能的实际应用。

电池性能测试与数据分析：使用电池测试设备对动力电池进行充/放电测试，采集并分析电压、电流、温度等数据，了解电池性能变化规律，以及 BMS 是如何根据这些数据进行管理和控制的。

4. 故障诊断与维护阶段

故障案例分析：剖析实际发生的动力电池及 BMS 故障案例，讨论故障原因、诊断过程和解决方案。

故障模拟与修复训练：通过模拟故障情景，让学生亲手进行故障排查和修复，提高他们的故障诊断及处理能力。

5. 技术创新与发展趋势研讨

新型电池探讨：研究和探讨固态电池、锂硫电池、锂空气电池等新型电池的特点及前景。

BMS 技术演进：了解 BMS 技术的最新进展，如分布式 BMS、人工智能在 BMS 中的应用等。

6. 项目总结与成果汇报

个人或小组总结报告：每位学生或每个小组撰写一份关于项目实施过程、学习收获及对未来发展的思考的总结报告。

成果展示与交流：举办项目成果汇报会，通过 PPT 展示、实物演示、视频制作等多种形式分享研究成果和实践经验。

三、考核评分

完成任务后，由质量监督及技术维护员和教师分别进行任务评价，并填写表1-3。

表 1-3　任务评价表

项　　目	评　分　点	配　　分	质量监督及技术维护员评分	教师评分	备　　注
理论知识掌握	动力电池的类型	5			
	BMS 的功能	5			
	动力电池充电策略	2			
	故障诊断	3			
	BMS 基础知识	5			
实操技能	现场评估成员的电池拆装、测试、故障诊断和维护等实操技能	20			
数据分析能力	对动力电池和BMS运行数据的收集、分析和解读的能力	10			

项　目	评　分　点	配　分	质量监督及技术维护员评分	教师评分	备　注
故障诊断与处理	诊断和处理动力电池及 BMS 故障的能力	20			
职业素养	小组成员间沟通顺畅	3			
	小组有决策计划	5			
	小组内部各岗位分工明确	2			
	操作完成后，工位上无垃圾	5			
	职业操守好，完工后工具和配件摆放整齐	5			
安全事项	在安装过程中，无损坏元器件及人身伤害现象	5			
	在通电调试过程中，无短路现象	5			
评分合计					

实训工单一　电动汽车动力电池认知

一、接受任务

你知道电动汽车动力电池的发展过程吗？你了解动力电池的类型、性能、结构与工作原理吗？请对比市面上量产车型动力电池组的性能参数，说明帝豪 EV450 动力电池的性能特点。

二、制订计划

根据前面所了解的知识和在小组内部讨论的结果制定工作方案，指定负责人，落实各项工作，如任务实施前的准备工作、实施过程中的主要操作及协助支持工作、实施过程中的相关要点和数据的记录工作等，工作计划表如表 1-4 所示。

表 1-4　工作计划表

步　骤	工　作　内　容	负　责　人
1		
2		
3		
4		
5		

根据计划完成学生任务分配，如表 1-5 所示。

表 1-5　学生任务分配表

班级		组号		指导教师	
组长		学号			
组员分配					
信息员			学号		
操作员			学号		
记录员			学号		
安全员			学号		
任务分工					

三、任务实施

查阅资料，了解比亚迪秦 EV 的 BMS，并思考该车型的 BMS 属于哪种类型，如何根据车型选配 BMS，并简述操作要点。实训准备如表 1-6 所示，比亚迪秦 EV 的 BMS 认知和 BMS 的匹配分别如表 1-7 和表 1-8 所示。

表 1-6　实训准备

序　号	工具及设备	数　量	工具及设备是否完好
1	安全帽	1	
2	耐磨手套	1	
3	绝缘手套	1	
4	一体化工具	1	
5	电池举升平台	1	
6	比亚迪秦 EV	1	
质检意见			

表 1-7　比亚迪秦 EV 的 BMS 认知

序　号	步　骤	记　录	完　成　情　况
1	指出电池管理器 1. 按下车辆钥匙的解锁按钮，进入车内 2. 打开车辆发动机舱盖 3. 在发动机舱大支架下方找到电池管理器并指出		

序　号	步　骤	记　录	完成情况
2	指出电池信息采集器 1. 拆下电池包并打开电池包的上盖和保温石棉布 2. 选用一体化工具中合适的棘轮、套筒，旋松配电箱固定螺栓，将配电箱上盖取下 3. 找到 4 个电池信息采集器并指出		
3	认识霍尔电流传感器	位置：	
4	认识充配电总成	位置：	
5	实训现场整理		
总结提升			
质检意见			

表 1-8　BMS 的匹配

序　号	步　骤	记　录	完成情况
1	选择合适的 BMS 与电动汽车的需求相匹配		
2	分布式 BMS 有较多的硬件，成本相对较高 集中式 BMS 可最大限度地减少硬件的数量，成本相对较低		
3	分布式 BMS 的各电池信息采集器之间通过 CAN 进行通信，可以减少线束的使用，每个电池模组上的柔性 PCB 对电池的电压、温度进行采集，同时可进行被动均衡，对电池系统有更好的管控作用 集中式 BMS 增加了电池组中线束的数量；仅通过一块主控板管理整个动力电池，会导致接线比较复杂；只能对电池组的信息进行采集，不能对每块电池都进行管理，安全性相对较弱；但集中式 BMS 结构简单，算法应用也相对简单		
4	两种 BMS 各有长处，视需求进行匹配		
总结提升			
质检意见			

四、评价反馈

（1）各小组代表展示 PPT，介绍任务的完成过程。

（2）以小组为单位，对各小组的操作过程与操作结果进行自评和互评，并将评价结果填入表 1-9 中的小组评价部分。

（3）教师对学生的工作过程与工作结果进行评价，并将评价结果填入表 1-9 中的教师评价部分。

表 1-9　实训评价表

班级		组号		姓名		学号	
实训任务							
评价项目		评价标准				分值	得分
小组评价	计划决策	制定的工作方案合理可行，小组成员分工明确				10	
	任务实施	能够正确检查并设立实训工位				5	
		能够准备和规范使用工具与设备				5	
		能够正确认知比亚迪秦 EV 的 BMS				20	
		能够正确完成 BMS 的匹配				20	
		能够规范填写实训工单				10	
	任务达成	能按照工作方案进行操作，按计划完成工作任务				10	
	工作态度	认真严谨，积极主动，安全生产，文明施工				10	
	团队合作	小组成员积极配合，主动交流，协调工作				5	
	6S 管理	完成竣工检验，现场恢复				5	
		小计				100	
教师评价	实训纪律	不出现无故迟到、早退、旷课现象，不违反课堂纪律				10	
	方案实施	严格按照工作方案完成任务				20	
	团队协作	任务实施过程互相配合，协作度高				20	
	工作质量	能准确完成认知比亚迪秦 EV 的 BMS 和匹配 BMS 的任务				20	
	工作规范	操作规范，三不落地，无意外事故发生				10	
	汇报展示	能准确表达，总结到位，改进措施可行				20	
		小计				100	
综合得分	小组评价得分×50%+教师评价得分×50%						

项目二　新能源汽车动力电池单体检修

◎ **知识目标** ◎

1. 理解动力电池的基本组成和工作原理。
2. 了解动力电池的老化机理。
3. 掌握动力电池的分类和特性。

◎ **能力目标** ◎

1. 能够使用专业工具和诊断设备对电池单体进行故障检测。
2. 能够安全地拆卸和重新装配电池单体。
3. 能够对电池单体进行性能测试。

◎ **素质目标** ◎

1. 培养学生对新能源汽车动力电池技术的兴趣，以及对工作认真负责的态度。
2. 加强学生对动力电池安全重要性的认识，确保其在电池检修过程中严格遵守安全规程。
3. 提高学生对动力电池回收和环保处理的认识，鼓励其采取可持续和环保的工作方法。

————————————////////// 项目导入 \\\\\\\\\\\————————————

作为纯电动汽车的"心脏"，动力电池直接决定了车辆的安全、寿命和性能。动力电池是由电池单体和电池模组组成的电池包，电池单体内短路、单体散热、性能衰减引起的温度升高、电池模组内短路、散热性、电气连接可靠性、机械可靠性是影响电池安全的重要因素。通过检修工作，培养学生对工作的热爱和责任心，强调认真负责、精益求精的工作态度，鼓励学生在检修过程中发现问题、思考问题并解决问题，激发学生的创新思维。

学习本项目内容后，学生能够对新能源汽车动力电池的性能进行检测，并完成动力电池温度异常、电池不均衡故障的诊断与排除任务，为后续实践工作奠定基础。

———·———·———·———·——///////// 相关知识 \\\\\\\\\——·———·———·———·———

任务一 完成动力电池分容

◎ **任务引入** ◎

随着新能源汽车、储能系统等领域的蓬勃发展，对动力电池的需求日益增长，对其性能的一致性要求也愈发严格。电池分容是电池制造过程中的关键环节，通过科学、精准的测试，将电池单体按照实际容量进行分级，能为后续的电池组装配、性能优化、资源分配和质量控制奠定坚实的基础。

◎ **任务目标** ◎

1. 了解电池分容的概念与作用。
2. 掌握动力电池各参数的含义。
3. 掌握电池单体正负极识别及电压测量的方法。
4. 在分工完成实训任务的过程中感受团队协作的重要性，树立团队意识。

◎ **知识链接** ◎

引导问题 1：

请查阅相关资料，简述电池实际容量的概念，说明影响电池实际容量的主要因素。

一、动力电池参数

（一）电池容量概述

电池容量是衡量电池储存电能能力的一个重要参数，指电池储存电量的大小。它表示在一定条件下（放电倍率、温度、终止电压等）电池放出的电量。电池容量通常以安·时（A·h）或毫安·时（mA·h）为单位，表示在规定的放电电流下，电池能够持续放电直至其电压降至规定终止电压时，所能释放的总电荷量。

1. 实际容量

实际容量是指在一定条件下电池能够放出的电量。它是受多种因素（如温度、湿度、充放电倍率等）影响的真实电量表现。实际容量可能会因为电池的使用状态、历史充放电情况等因素而与额定容量有所偏差。

2. 理论容量

理论容量是指电池中所有活性物质全部参与反应时的容量，是最理想的容量值，实际使

用中很难达到。

3. 额定容量（或称为标称容量）

额定容量是指电池铭牌上标注的电池容量。它代表了电池在标准操作条件下（如特定的放电倍率、温度、终止电压等）能够持续放电的能力。额定容量是电池制造商根据工业标准测定的，用于表示电池在相同条件下所能提供的电量。但请注意，实际使用中由于各种因素的影响，实际容量可能会与额定容量存在一定的偏差。

（二）其他相关参数

1. 能量密度（Wh/L 或 Wh/kg）

能量密度是指单位体积或单位质量电池释放的能量，如果是单位体积，即体积能量密度（Wh/L），经常简称能量密度；如果是单位质量，即质量能量密度（Wh/kg），经常简称比能量。

$$能量密度（Wh/kg）=额定电压×容量/质量$$

例如，一节锂电池重 300g，额定电压为 3.7V，容量为 10A·h，则其比能量约为 123Wh/kg。纯电动汽车电池单体比能量和能量密度趋势如图 2-1 所示。

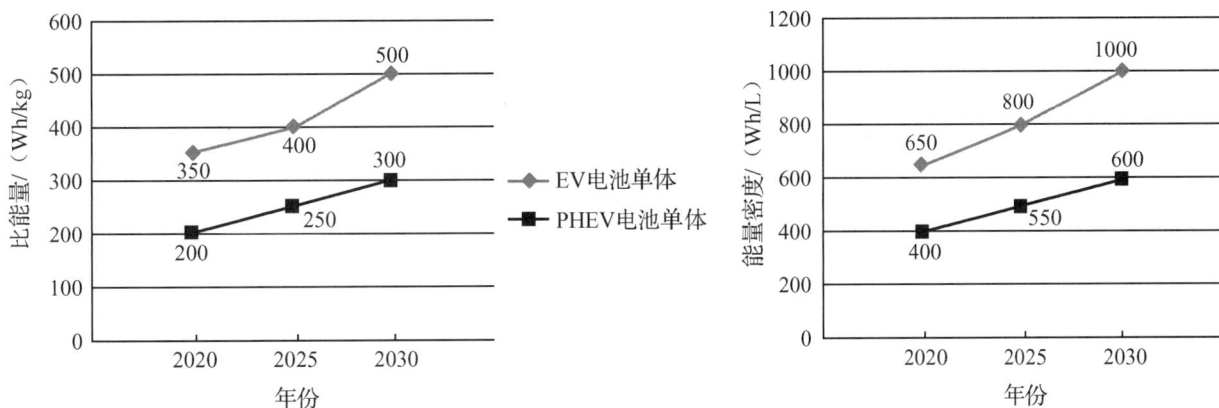

图 2-1　纯电动汽车电池单体比能量和能量密度趋势

2. 功率密度（W/L 或 W/kg）

将能量除以时间，便得到功率，单位为 W 或 kW。同样的道理，功率密度是指单位质量（有时也称比功率）或单位体积电池输出的功率，单位为 W/kg 或 W/L。功率密度是评价电池是否满足电动汽车加速性能的重要指标。

3. 电池充放电倍率

电池放电倍率是衡量电池充放电速度的重要指标。它表示电池在规定时间内放出其额定容量所需要的电流值与额定容量的比值。放电倍率越高，表示电池越能够以更快的速度释放能量；充电倍率越高，表示电池越能够以更快的速度储存能量。

（1）放电倍率：对于容量为 Q 的电池，如果以 C 倍的电流放电，那么放电时间将等于电池的额定容量 Q 除以放电电流。例如，对于 24A·h 的电池，如果以 2C 的放电倍率放电，那

么放电电流将为48A，放电时间将为0.5h。高放电倍率意味着电池能够在短时间内释放大量能量，满足电动汽车在加速或爬坡时对高功率的需求。

（2）充电倍率：与放电倍率类似，充电倍率表示电池以多快的速度接收充电电流。高充电倍率意味着电池能够在更短的时间内充满电，从而缩短电动汽车的充电时间。然而，需要注意的是，过高的充电倍率可能会对电池造成损害，因此在实际应用中需要权衡充电速度和电池寿命之间的关系。

4．内阻

内阻是指电池在工作时，电流流过电池内部受到的阻力，包括欧姆内阻和极化内阻。其中，欧姆内阻包括电极材料、电解液、隔膜电阻及各部分零件的电阻；极化内阻包括电化学极化电阻和浓差极化电阻。

5．电池组的一致性

同一规格型号的电池单体在成组后，电池组的电压、容量、内阻、寿命等有很大的差别。

将同一规格型号的电池单体组装成电池组后，尽管这些电池单体在理论上应具有相似的性能，但实际上它们的电压、容量、内阻、寿命等关键性能指标可能存在显著差异。这种不一致性源于电池单体在制造过程中因工艺问题导致的内部结构和材质差异。

当这些电池单体被组装成电池组并在电动汽车中使用时，它们的性能指标往往无法达到电池单体在测试中所表现出的原有水平。这是因为初始的不一致性会随着电池在使用过程中的连续充放电循环而逐渐累积。此外，电池组内的使用环境（如温度、湿度等）对于各电池单体也不尽相同，进一步加剧了电池单体状态之间的差异。

初始的不一致性随着电池在使用过程中连续充放电循环而累积，再加上电池组内的环境对于各电池单体来说意义不一样，导致各电池单体状态产生更大的差异，这种差异在电池使用过程中逐步放大，在某些情况下使某些电池单体的性能加速衰减，并最终引发电池组过早失效。

电池组的性能取决于电池单体的性能，但绝不是电池单体性能的简单累加。电池单体性能的不一致使得电池组在电动汽车上反复使用时，产生各种问题而寿命缩短。

电池制成后，要对电池单体进行小电流充电，将其内部正负极物质激活，在负极表面形成一层钝化层——固体电解质界面（SEI）膜，使电池性能更加稳定，这一过程称为电池化成，电池经过化成后才能展现真实的性能。

引导问题2：

请查阅相关资料，简述电池分容的过程。

二、电池分容

电池分容是指对一组或多组电池进行容量测试和分类的过程，旨在确定电池的实际电能储存能力和一致性，以确保在电池组或电池包中各电池单体能够协同工作，达到最佳性能和

最长使用寿命。

（一）电池分容的概念

分容的全称为容量分选。锂电池以其高能量密度、高电压、高循环次数、高安全性、绿色环保等优良性能在电子产品等各个领域得到了广泛应用。所以，保证锂电池产品的一致性、可靠性是非常重要的。只要测试出的容量与设计的容量的误差在10%以内，锂电池就是合格的，而大品牌会将电池容量误差控制在 5%以内。通过容量测试筛选出合格电池，这个过程称为分容。其目的是测定每个电池单体的实际电能储存能力，并根据测试结果将电池划分为不同等级或类别，以确保电池组内部各电池单体性能的一致性，进而提升整个电池系统的性能、安全性，以及延长其使用寿命，对电池进行充/放电后，通过检测分容满充时电池的放电容量来确定电池的容量。电池分容如图 2-2 所示。

图 2-2　电池分容

（二）电池分容的作用

通过分容测试可以精确测定每个电池单体的实际电能储存能力，这是评估电池性能好坏的重要依据。分容数据可用于判断电池是否符合设计标准，确保出厂产品性能的一致性，是电池生产过程中的关键质量控制环节。

电池分容有利于 SEI 膜的稳定，也能够缩短整个分容工序所花的时间，在降低能耗的同时还能够提升效能。

电池分容也是对电池进行分类、编组的过程，在这个过程中会筛选出内阻和容量相近的电池单体，只有性能很接近的电池单体才能够组成电池组。

例如，为了满足电动汽车的能量需求，一般需要数十个甚至数千个电池单体。受电池系

统复杂性的影响，电池组有其独特性，并不是对电池单体做简单的加减法就能够获得所需的性能。

电池容量的测试步骤如下。

1. 测试准备

新电池或长时间未使用的电池需要先激活（如初次充电）和静置，确保电池处于稳定状态。

2. 测试条件设定

充/放电电流：设定恒定的充电电流和放电电流，通常按照电池规格书推荐的 C-rate（如 0.5C、1C 等）设定。

电压范围：设置充电截止电压（如锂离子电池的 4.2V/cell）和放电截止电压（如锂离子电池的 2.5V/cell），以保护电池不受损伤。

温度控制：在指定的环境温度（如 25℃）下进行测试，或者使用温控设备维持电池在适宜的温度范围内。

（三）电池容量测试方法

（1）在 23±2℃ 环境温度下电池以 1C 的电流恒流充电至公司规定的充电截止电压时转恒压充电，电流降至 0.05C 时停止充电，充电后搁置 1h。

（2）在 23±2℃ 环境温度下电池以 1C 的电流放电，直到放电至公司规定的放电截止电压时停止放电。

（3）计量放电容量（以 A·h 计），以及计算放电比能量（以 Wh/kg 计）。

（4）重复（1）～（3）的步骤 5 次，如果连续 3 次试验结果的极差小于额定容量的 3%，则可提前结束试验，取这 3 次试验结果的平均值。

引导问题 3：

请查阅相关资料，简述如何测量电池的电压。

三、电池的正负极识别与电压的测量

电池的正负极识别与电池电压的测量是电池使用、维护和测试中基础且重要的操作。

1. 电池的正负极识别

通常电池上面都标明了电池的正负极，如果看不清，则用万用表进行检测，用直流电压挡位，如 20V 以上的量程，红表笔接一边，黑表笔接另一边，如果显示的是正电压，则说明红表笔对应的是正极，黑表笔对应的是负极，如果显示的是负电压，则结果相反。

方形电池上有正极、负极标识，如图 2-3 所示。圆形电池上未标明正负极，一般表面有凸起的一端为正极，另一端为负极，如图 2-4 所示。

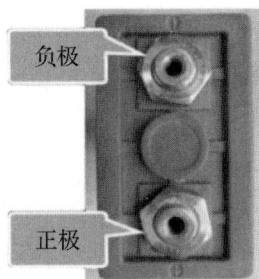

图 2-3　方形电池的正负极

图 2-4　圆形电池的正负极

（1）观察标识。大多数电池上会标明正负极，如"+"表示正极，"-"表示负极。另外，颜色也是常见的标识，如红色或标有色环的一端通常为正极，黑色或未标有色环的一端通常为负极。

（2）极耳形状。在一些电池上，正负极极耳的形状或大小可能会有所不同。通常正极极耳稍粗或带凸起，负极极耳稍细或平直。

（3）物理探针测试。对于无法通过标识或形状来判断正负极的电池，可以使用万用表的电阻挡（欧姆挡）进行探针测试。

使用万用表的两个探针分别接触电池两端，如果显示屏显示"OL"（开路）或极高的电阻值，则表明两个探针接触到的都是同极（正极对正极或负极对负极）。调整探针位置，如果显示屏显示较低的电阻值（通常为几欧姆至几百欧姆），则两个探针此时接触的分别为电池的正极和负极。

2. 电池电压的测量

（1）选择仪表。使用万用表的直流电压挡进行测量。确保选择的量程大于待测电池的标称电压，以获得准确读数且不损坏仪表。

（2）连接探针。将万用表的红色探针（正极，通常标记为"+"）接触电池的正极，黑色探针（负极，通常标记为"-"）接触电池的负极，如图 2-5 所示。

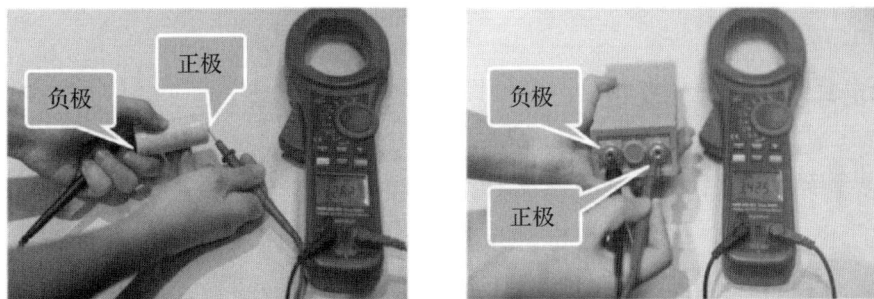

图 2-5　测量电池的电压

（3）读取数值。万用表显示屏会显示电池的电压。对于充满电的电池，其电压应接近或等于其标称电压。例如，一节 1.5V 的 5 号碱性电池在满电状态下电压应接近 1.5V。对于锂电池，如标称电压为 3.7V 的锂离子电池单体，满电电压应为 3.6～4.2V。

（4）判断状态。根据测量的电压可以大致判断电池的状态。电压明显低于标称值可能表示电池电量不足或老化；电压过高可能表示电池充电过满或存在故障。对于锂电池，还需结合 BMS 提供的 SOC 等信息进行综合判断。

（5）注意事项。在进行电压测量前，应确保电池已经稳定一段时间，避免充/放电后立即测量，导致读数不稳定。在测量过程中，保持探针与电池极耳的良好接触，避免因接触电阻而影响测量的准确性。对于串联或并联的电池组，需分别测量每个电池单体的电压，以检查是否存在电池单体间的不一致，以及评估整体状态。

任务二　检测动力电池单体的一致性

◎ **任务引入** ◎

随着新能源汽车、储能系统等领域的快速发展，对动力电池的需求日益增长，而电池组性能的优劣在很大程度上取决于组成它的电池单体的一致性。一致性差的电池组容易出现充/放电不均、局部过热、寿命缩短等问题，严重时甚至会引发安全事件。因此，对动力电池单体进行一致性检测不仅是保障电池系统性能和安全的基础，还是提升电池全生命周期价值、降低运营成本的关键环节。

◎ **任务目标** ◎

1. 了解电池不一致性的表现与成因。
2. 掌握电池成组配对的方法。
3. 具备使用电池内阻测试仪检测电池单体的电压和内阻的能力。
4. 了解多种对电池进行成组配对的方法，培养从多个角度解决问题的思维。

◎ **知识链接** ◎

一、电池单体的一致性

电池包需要管理系统（电气管理系统和热管理系统）的一个重要原因就是需要应对电池单体和电池包的不一致性。如果每个电池单体在出厂时各性能指标（容量、电压、内阻、自放电率等）都完全一致，并且在使用过程中彼此之间也完全一致，则不需要复杂的 BMS 了。

（一）电池的一致性定义

在组成电池组时需要将多个电池单体进行串联或并联，这样才能满足汽车实际的性能需求，而电池组中各个电池单体之间会存在一些差异。电池单体的一致性是指一组电池单体性能指标的趋同性，是一个相对概念。对于同一个电池包内的多个串/并联电池单体来说，每个

性能指标最好全部处于一个较小的数值范围内，这样电池的一致性较好。

电池单体的性能指标包括电压、荷电量、容量、内阻及其随时间的变化率、寿命、电极的电气特性、温度特性、衰减速度、自放电率及其随时间变化率的一致性等。以上参数的不一致会直接影响电池包运行中输出电参数的差异。

（二）影响

以常见的由串/并联电池单体组成的电池组为例，在理想情况下所有电池组中的电池单体应该是完全一致的，但是实际上即便是同一批次的电池单体，仍然具有性能的差异（容量、内阻等参数的差异），虽然在组成电池组之前会对电池单体进行筛选，但无法保证所有电池单体的性能 100%一致。此外，不同部分的散热特性也有较大的差异。因此，电池组在温度分布上也存在较大的梯度，上述种种情况会导致电池组内的电池单体在使用过程中衰减速度不一致，这种情况一方面会造成电池组的可用容量（受电池组中串联电池单体的最小容量的限制）下降，另一方面可能会导致电池组的安全性降低。研究显示，即便是电池单体循环寿命可达 1000 次以上，在组成电池组时，如果没有均衡设备的保护，则电池组的循环寿命可能不足 200 次。因此，对于电池组而言，电池单体的一致性非常重要。

（三）电池的不一致性

1. 锂离子电池的不一致性

锂离子电池的不一致性是指同一批次或不同批次的锂离子电池的电压、容量、内阻、寿命、温度特性、自放电率等不一致的现象。这种不一致性可能表现为电压、容量、充/放电速率和循环寿命的差异。

2. 影响因子

由于技术、材料等因素的影响，电池单体的初始性能存在一定的差异。各电池单体在电池组内的使用环境不完全相同。电池的不一致性主要由以下几个方面造成。

（1）材料差异：锂离子电池的正负极材料存在差异，最常见的是锂离子电池正极材料颗粒的大小和分布不均匀，导致充/放电反应不一致。

（2）制造差异：锂离子电池的制造过程复杂，涉及多个步骤和工艺参数。即使在相同的制造条件下，也难免出现微小的差异，这些差异会在电池性能上体现出来。

（3）动态失衡：锂离子电池在长期使用过程中，其内部各种反应不可避免地会导致电池正负极之间的电荷和材料分布存在差异，进而导致电池性能的不一致。

（四）电池的不一致性表现

在电池模组中，内阻较大的电池单体相较于内阻较小的电池单体，其电压表现更低，同时温度也相对较高。而电池组的 SOC（荷电状态）特性则体现在，容量较小的电池单体在充/放电过程中更容易触及放电或充电的极限状态。电池的不一致性表现主要包括以下几

个方面。

（1）容量不一致：不同电池单体或电池模组的容量不一致会导致充/放电过程中电池之间的能量分配不均匀，降低整个电池组的可用容量，影响续航里程。

（2）内阻不一致：不同电池单体或电池模组的内阻不一致会导致在充/放电过程中产生不均匀的热量分布，影响电池的安全性和循环寿命。

（3）自放电率不一致：不同电池单体或电池模组的自放电率不一致会导致在停车状态下电池能量逐渐流失，影响整个电池组的储能效率。

（4）充/放电效率不一致：不同电池单体或电池模组的充/放电效率不一致会导致在充/放电过程中能量损失不均匀，影响电池组的整体能量利用率。

（5）循环寿命不一致：不同电池单体或电池模组的循环寿命会导致部分电池单体或电池模组过早失效，缩短整个电池组的使用寿命。

电池的不一致性主要是在制造过程和使用过程中产生的。制造过程的每个环节，如配料时材料的均匀度、涂布时面密度和表面张力的控制等，都会造成电池单体性能的差异。在电池的使用过程中，电池的连接方式、结构件、使用工况和环境都会造成电池的不一致性。

引导问题1：

请查阅相关资料，写出对电池进行配组时要注意的事项。

二、电池配组

电池配组是指在电动汽车或储能系统中，将多个电池单体或电池模组组合成电池组时，需要对其进行匹配，以确保电池组的性能和安全。

（一）概念

电池配组是指在制造电动汽车、储能系统等过程中，将多个电池单体按照特定的规则和标准进行组合，形成一个性能均衡、安全可靠的电池组的过程。这一过程旨在确保电池组内部各电池单体在电压、容量、内阻、自放电率等关键参数上保持高度一致，使整个电池组性能稳定、安全高效、使用寿命长。在电池配组过程中要考虑各种因素，BMS 要引入均衡管理（主动均衡和被动均衡）系统。工作温度也是影响电池组发挥最佳性能的因素之一，因此应在BMS 中加入热管理功能，将电池组的工作温度保持在最佳的范围内，还要尽量使电池之间温度条件一致，有效地保证各电池的一致性。

电池配组是一个系统工程，涉及电池单体的选择、结构设计、BMS 集成、安全防护、测试验证和质量控制等多个环节，旨在打造性能优异、安全可靠、使用寿命长的电池组，为电动汽车、储能系统等提供稳定、高效的能源支持。

（二）配组方法

1. 电压配组法

电压配组法是电池配组的一种常用方法，主要用于确保电池组中电池单体的一致性，提高整个电池组的性能并延长其使用寿命。电压配组法可分为静态电压配组法和动态电压配组法。

1）静态电压配组法

静态电压配组法又称空载配组法，适用于不带负载、只考虑电池本身的情况，用于测量筛选出的电池单体在静置数十天后满电状态下的自放电率，以及满电状态下不同储存期内电池的开路电压。此方法操作简单，但不准确。

2）动态电压配组法

通过动态电压配组法可以考查电池带负载时的电压情况，但没有考虑负载变化等因素，因此也不准确。

2. 静态容量配组法

静态容量配组法是另一种用于电池配组的重要方法，确保电池组中所有电池单体的容量（能量）尽可能接近，以使电池组性能和寿命最佳化。在设定的条件下对电池进行充/放电，根据放电电流和放电时间来计算电池容量，按电池容量大小进行电池配组。这种方法简便易行，但它只针对特定条件，不能说明电池的完整工作特性，有一定的局限性。

3. 单参数配组法

单参数配组法主要是指对电池进行分选，电池组采用统一规格、型号的电池，并且要对电池的电压、容量、内阻等进行测定，保证电池初始性能的一致性。

4. 多参数配组法

多参数配组法是在电池配组过程中采用的一种更为全面和精确的方法。它不局限于单一的电压或静态容量参数，而是同时考虑多个关键参数，如电压、静态容量、内阻、自放电率、温度特性、老化程度等，以确保电池组内部电池单体的性能高度一致，可以分选出一致性较好的电池组。这种方法耗时较长。使用这种方法的前提是单参数分选要准确。

5. 动态特性配组法

动态特性配组法是电池配组的一种高级方法，它主要关注电池在实际充/放电过程中的动态行为，而非仅基于静态参数。利用电池的充/放电特性曲线来分选电池并对其进行配组。充/放电曲线能够体现电池的大部分特性，利用动态特性配组法能够保证电池各种性能的一致性。动态特性配组法涉及的数据多，通常采用计算机程序配合实现。此外，这种方法的电池配组利用率低，不利于电池组成本的降低。标准曲线或基准曲线的确定也是其应用过程中的难点。

6. 结论

电池配组是确保电池组的性能与安全的关键步骤。单参数配组法由于考虑的因素太少，

因此不具有实际应用价值。多参数配组法和动态特性配组法相对较全面。通过匹配电池单体或电池模组的关键参数，如容量、内阻、循环寿命等，可以提高电池组的整体性能，延长其使用寿命。电池配组完成后，应进行测试和验证，确保电池组各项参数符合要求，避免安全隐患，提高电池组的可靠性。

7. 注意事项

通过科学的电池配组方法提高电池的一致性；匹配功能更多的 BMS，延长电池的使用寿命；车企判断电池的一致性的方法是在电池的 SOC 为 10%时进行电池配组。

电池组形成后，需要定期进行监测与维护，及时发现电池组中性能出现变化的电池，采取措施进行修复或更换，使电池组的性能保持稳定。

综上所述，电池配组是确保电池组性能稳定、安全可靠的重要环节，需要综合考虑多方面因素，并严格执行电池配组步骤和注意事项，实现最佳的电池配组效果。

引导问题 2：

请查阅相关资料，简述电池的放电规范的概念。

三、锂离子电池的放电规范

单节锂离子电池的最高充电截止电压为 4.2V，不能过充，否则会因正极的锂离子丢失太多而使电池报废。对锂离子电池充电时，应采用专用的恒流、恒压充电器，先恒流充电至锂离子电池两端电压为 4.2V，然后转为恒压充电模式；当恒压充电电流降至 100mA 时，应停止充电。

电动汽车所规定的放电速度、放电温度和放电截止电压。锂离子电池在正常使用时会消耗电池内部的电量，这一过程称为放电。

（一）放电速度

电动汽车电池的放电速度，即电池的放电倍率。通常用放电时间的长短或放电电流的大小来表示电池的放电速度。

（二）放电温度

放电温度是指电池在进行放电操作时所处的周围环境条件。电池放电或充电起始时的温度被定义为初始温度。通常，汽车制造商会在温度为 23±2℃的标准环境下对电池进行充电或放电的性能测试。

（三）放电截止电压

锂离子电池达到放电截止条件时，终止放电。放电截止电压可以有效保护电动汽车的性能，防止电池过放。

（四）注意事项

对于锂离子电池来说，正常使用过程就是放电过程。锂离子电池放电时需要注意以下几点。

1. 放电电流不能过大

过大的电流会导致锂离子电池内部发热，有可能会对电池造成永久性的损害。手机的锂离子电池不涉及这个问题。锂离子电池放电电流越大，放电容量越小，电压下降越快。

2. 不能过度放电

锂离子电池内部储存电能是靠一种可逆的化学变化实现的，过度放电会导致这种化学变化有不可逆的反应发生，因此锂离子电池最怕过度放电，一旦放电电压低于2.7V，电池就会报废。手机的锂离子电池内部已经装了保护电路，电压还没降低到损坏电池的程度，保护电路就会起作用，使锂离子电池停止放电。

3. 不要大功率放电

锂离子电池放电时，锂离子从负极脱嵌，经过电解质嵌入正极，正极处于富锂状态，充电时相反。锂离子电池的电压随着放电倍率的增加迅速下降，达到放电截止电压的时间也会提前。但末期下降的速率会变慢，所以低放电倍率电池的性能要好于高放电倍率电池的性能，应避免大功率放电。

任务三　完成动力电池充/放电测试

◎ **任务引入** ◎

动力电池技术的发展经历了从铅酸蓄电池到镍氢电池，再到目前广泛使用的锂离子电池的演变过程。锂离子电池因其高能量密度、长循环寿命和较好的充/放电效率等优点，已成为当前电动汽车的主流选择。然而，锂离子电池在高功率充/放电、极端温度条件下的性能表现，以及其安全性和成本问题，仍然是制约其进一步应用的关键因素。

◎ **任务目标** ◎

1. 了解动力电池循环寿命测试的意义。
2. 掌握分析动力电池充/放电异常情况的方法。
3. 具备搭建电池放电电路，并按照技术参数要求对其进行放电测试的能力。
4. 了解吉利汽车的企业文化，感受创新精神的重要性。

◎ **知识链接** ◎

引导问题1：

请查阅相关资料，简述电池的循环寿命是什么，以及电池的老化会带来什么影响。

一、动力电池老化的定义

动力电池老化是指随着时间的推移，电池性能参数逐渐变差的过程，包括电池最大可用容量减小、内阻增大和功率下降，影响动力电池的正常工作和安全性。老化是一个量变过程，而失效则是电池完全失去工作能力的过程，相对较为短暂，是电池的质变。

（一）动力电池老化的目的

动力电池老化分为常温老化和高温老化两种方式，用途是使电池初次充电后形成的 SEI 膜的性质和组成能够稳定。常温老化的温度为 25℃，高温老化的温度各工厂不同，有的工厂用 38℃，有的工厂用 45℃，老化的时间为 48～72h。

使动力电池老化的目的是确保电解液能够充分浸润电池内部，以及使正负极中的某些活性成分通过一定的反应失活，使得电池整体性能更为稳定。很多厂商为了加快电池老化，采取高温老化的方式，但是高温老化要注意控制时间和温度，因为高温老化会使活性物质出现更多的劣化用途，控制得好，活性成分会完全反应，电池性能稳定；控制不好，活性成分会反应过度，电池性能下降，容量降低，内阻升高，甚至发生漏液等状况。

高温老化后的电池性能更稳定，大多数锂离子电池厂商在生产过程中都采用高温老化的方式，使电池在 45～50℃下老化 1～3h，然后常温搁置。高温老化后的电池的潜在不良性能会暴露出来，电压变化、厚度变化、内阻变化都是直接衡量这批电池的安全性和电化学性能的综合指标。

使动力电池高温老化是为了缩短电池的整个生产周期。动力电池高温老化只是使电池的化学反应加速，有可能损伤电池。动力电池高温老化后最好使其在常温下静置三周以上，让正负极、隔膜、电解液等充分进行化学反应后达到平衡，这时的电池性能才较真实。

（二）动力电池老化的原因

1. 容量衰减

随着使用时间的增长，动力电池的最大可用容量（单位为 mA·h 或 A·h）会逐渐降低，表现为电池在相同的充/放电条件下能提供的总能量减少，续航能力降低。

2. 内阻增大

在动力电池老化过程中，电池内部的欧姆电阻和极化电阻增大，导致充/放电过程中的能量损耗增加，表现为充电时间延长、放电电压下降得更快，同时可能导致发热加剧。

3. 功率性能下降

动力电池在高充/放电倍率下所能提供的最大功率减小，快速充电能力降低，瞬时输出能力降低，影响车辆的加速性能和动态响应。

4. 自放电率增大

在未使用状态下，老化电池的自放电率增大，即在无外接负载时，电池电量自行流失的速度加快。

5. 充电效率降低

电池充电时，实际充入的电量比理论上应充入的电量小，即充电效率降低，可能导致充电时间延长或需要更频繁地充电。

6. 热管理问题

老化电池在充/放电过程中产生的热量增加，散热能力可能下降，使得电池更容易出现局部过热，增加热失控风险。

7. 安全性变差

电池长期使用后，电池内部可能会出现微裂纹、电极活性物质脱落、电解液分解等问题，导致电池的热稳定性下降，电池对过充、过热、短路等异常情况的耐受能力降低，增加了安全隐患。

引导问题2：

请查阅相关资料，写出锂离子电池单体由哪些部分组成。

二、锂离子电池单体的组成

锂离子电池单体的组成如图2-6所示。

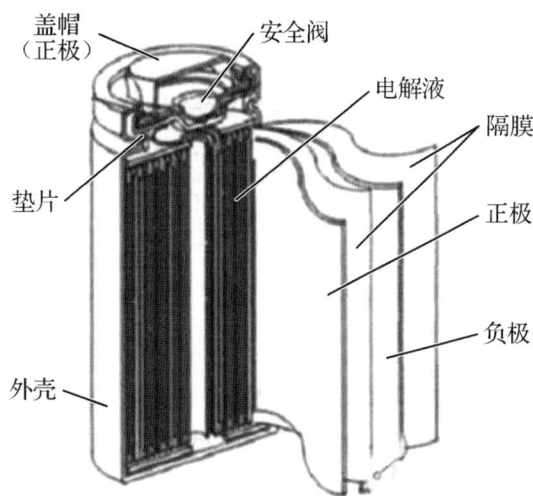

图2-6　锂离子电池单体的组成

1. 正极（Positive Electrode）

正极通常采用含锂的过渡金属氧化物、磷酸盐、硫化物等作为活性物质，如钴酸锂（$LiCoO_2$）、磷酸铁锂（$LiFePO_4$）、三元材料（如 $LiNiCoMnO_2$）等。正极材料涂覆在铝箔集流体上，形成正极极片，正极材料决定了电池的容量和电压。

2. 负极（Negative Electrode）

负极一般由石墨或其他类型的碳材料构成，它为锂离子提供宿主结构，允许锂离子在充/放电过程中嵌入和脱嵌。负极材料涂覆在铜箔集流体上，形成负极极片。

3. 电解液（Electrolyte）

锂离子电池的电解液主要由锂盐（如六氟磷酸锂、四氟硼酸锂等）、溶剂（如碳酸乙烯酯、碳酸二甲酯、碳酸甲乙酯等），以及添加剂（如成膜添加剂、阻燃添加剂、导电添加剂等）组成，是电池中离子移动的介质，可以是液态的，也可以是固态的或凝胶状的。电解液在正负极之间传输锂离子，实现电池的充/放电过程。

4. 隔膜（Separator）

隔膜是一种具有微孔结构的薄膜，位于正负极之间，通常为多孔聚烯烃薄膜（如聚乙烯、聚丙烯或它们的复合膜），具有良好的绝缘性，允许锂离子通过，阻止电子直接传递，防止正负极短路。隔膜还具有一定的机械强度和热稳定性，能够在电池内部压力升高或温度异常时提供保护。

5. 外壳（Casing）

锂离子电池的外壳主要由铝壳、钢壳或软包装（如铝塑膜）等材料制成，为电池内部提供机械保护，并确保电池的密封性，防止电解液泄漏和避免外界环境对电池内部的影响。

6. 电极引线（Electrode Lead）

正负极极片上的集流体通过电极引线（铝带或铜带）与外部电路连接，实现电流的输入与输出。

锂离子电池的工作原理基于锂离子在充/放电过程中在正负极材料中嵌入和脱嵌。充电时，锂离子从正极材料中脱出，通过电解液和隔膜移动到负极并嵌入其中；放电时，锂离子从负极材料中脱出，返回正极材料中，同时释放电子，形成电流。这两个过程伴随着化学能和电能的相互转换。

三、影响电池循环寿命的因素

电池循环寿命是指电池在经历一定次数的充/放电循环后，其性能参数（如容量、内阻、自放电率等）下降到某个规定值（如容量下降到额定容量的80%）时所经历的循环次数。影响电池循环寿命的因素是多方面的，涉及电池的材料特性、使用环境、充/放电制度、BMS等多个方面。

（一）材料特性

（1）正负极材料：正负极活性物质的化学稳定性、电化学反应可逆性、结构稳定性等直接影响电池循环寿命，如某些材料在充/放电过程中易发生结构坍塌、活性物质脱落、副反应增多等问题，导致电池容量衰减加速。

（2）电解液：电解液的电导率、电化学稳定性、与正负极材料的相容性等对电池循环寿命有重要影响。电解液在高温下易分解、副反应多，或者与正负极界面反应生成不稳定的 SEI 膜，都可能降低电池循环寿命。

（3）隔膜：隔膜的孔隙率、机械强度、热稳定性等影响锂离子在正负极间的传输效率和电池的安全性。隔膜损坏或孔隙堵塞会导致电池内部短路或锂离子传输受阻，加速电池老化。

（二）使用条件与环境

（1）充/放电制度：涉及充/放电倍率、循环次数、放电深度等。充电截止电压、放电截止电压、充/放电电流等对电池循环寿命有重要影响。过充、过放、大电流充/放电等均可能导致电池内部结构破坏、副反应增多，加速电池老化。

（2）温度：电池的工作温度对循环寿命有显著影响。在高温下电解液易分解、副反应增多、SEI 膜不稳定，在低温下锂离子扩散速率降低、电极极化程度增大，均可能加速电池老化。

（3）自放电率：自放电率影响电池闲置时的容量损失，自放电率高会加速电池老化。

（三）BMS

（1）均衡控制：BMS 的设计和功能对电池循环寿命至关重要。有效的均衡控制可以减少电池组内电池单体间的不一致性，避免个别电池过充或过放，延长电池组寿命。BMS 可以监控和管理电池的充/放电过程，防止过充和过放，延长电池循环寿命。

（2）故障检测与保护：BMS 的故障检测与保护功能对电池循环寿命有重要影响。及时、准确的故障检测与保护可以防止电池过热、短路等，延长电池循环寿命。

综上所述，影响电池循环寿命的因素涵盖材料特性、使用条件与环境和 BMS 等方面，需要综合考虑各方面因素，对电池进行优化设计，以提高电池循环寿命。

四、电池的串联、并联作用

由于电池单体电压、容量的制约，为了满足用电设备、储能系统的高电压、大容量的需求，电池通常采用串联、并联或串/并联混合的方式来使用。电池的典型参数，如交流内阻、直流内阻、电压等，在不同的 SOC 下也会不同。

（一）并联对电池组性能的影响

在电池的实际并联成组应用中，并联支路由于受电池单体的一致性的影响，在工作中会出现电流不均衡的现象，并联支路的电流还同时受本条支路和其他支路参数的影响。并联电池如图 2-7 所示。

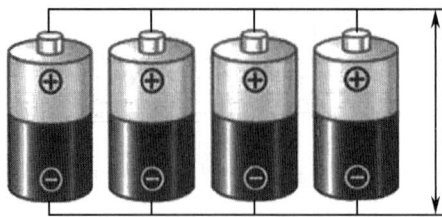

图 2-7 并联电池

电池并联成组后，在成组电池单体容量、初始状态一致的情况下，电池内阻会使并联支路在平台期形成较稳定的不平衡电流，造成并联支路 SOC 的变化出现不一致的现象，由于电池极化内阻的急剧变化，并联支路在充电末期会出现更为显著的不平衡电流。可以通过分析电池的欧姆内阻、极化内阻的分布来选择不平衡电流小的并联成组电池。在实际的并联成组电池使用过程中，并联支路各个参数的不一致往往同时存在，并联支路电流分配受多种不一致参数的影响。

（二）串联对电池组性能的影响

用电设备或储能系统工作需要一定的电压，电池的平台电压根据正负极材料的不同而有所差异，如以石墨为负极材料的电池，正极材料选用磷酸铁锂时，平台电压为 3.2V；正极材料选用三元材料时，平台电压为 3.7V；负极材料变成钛酸锂时，平台电压又会随着正极材料的变化而变化。电池单体的电压无法满足设备、系统的使用要求，需要通过串联来达到额定工作电压。

电池串联成组比并联成组简单，串联电池组的工作电流一定，电池单体的工作电流一样，它们独立工作，没有相互耦合影响，串联电池组电池单体的电压容易测量，常用于评价电池组的一致性。串联电池如图 2-8 所示。

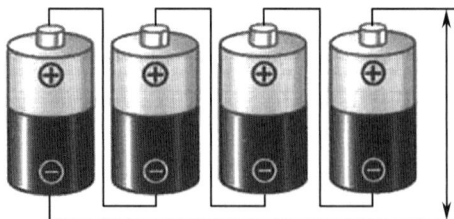

图 2-8 串联电池

有些汽车主机厂为了减少热量损失，会将新能源汽车的工作电压提高。例如，2017 款比亚迪 e5（650V）、唐 DM（720V）等。各个汽车主机厂都有自己的技术标准，有些汽车主机厂会做成先并联后串联的电池包，有些汽车主机厂会做成先串联后并联的电池包。

两种电池成组方案的优缺点如表 2-1 所示。

表 2-1　两种电池成组方案的优缺点

电池成组方案	可靠性	安全性	电芯管理成本	过流能力
先串联后并联	低	会产生电弧	高	高
先并联后串联	高	有热失控风险	低	低

五、动力电池充/放电异常情况分析

电池组电压异常可分为电池单体电压过高、电池单体电压过低、电池压差过大三种。当出现上述任意故障时，BMS 均会进行相应的处理，使电池组正常、安全地运行。

（一）过充

现象：电池在充电过程中，电压超过规定的最大充电电压（如锂离子电池的 4.2V/cell）并持续上升。

原因：充电设备故障、BMS 失效、充电策略不合理等。

影响：电解液分解、正极材料结构破坏、产气增加，可能导致电池内部压力增大、热失控风险增加，严重时可能引发火灾或爆炸。

（二）过放

现象：电池在放电过程中，电压低于规定的最小放电电压（如锂离子电池的 2.5V/cell）并持续下降。

原因：负载过大、放电控制失效、BMS 故障等。

影响：负极析锂、SEI 膜破裂、内阻增大，可能导致电池容量永久性损失、循环寿命缩短，严重时可能引起内部短路。

（三）充电电流异常

现象：在电池充电过程中电流突然增大或减小，远高于或低于设计值，或者电流波动剧烈。

原因：充电设备故障、连接线缆接触不良、电池内部短路、BMS 控制错误等。

影响：过大的充电电流可能导致电池发热严重、内部压力增大、循环寿命缩短；过小的充电电流可能导致充电时间过长、效率低下；电流波动可能引发 BMS 误判，影响充电效果。

（四）放电电流异常

现象：在电池放电过程中电流远高于或低于设计值，或者电流波动剧烈。

原因：负载异常、连接线缆接触不良、电池内部短路、BMS 控制错误等。

影响：过大的放电电流可能导致电池发热严重、内部压力增大、循环寿命缩短；过小的

放电电流可能导致设备无法正常工作；电流波动可能引发 BMS 误判，影响放电效果。

（五）温度过高

现象：在电池充/放电过程中，温度超过规定的安全工作温度范围。在电池充/放电过程中温度过高或过低都可能影响电池性能。

原因：过充、过放、大电流充/放电、电池散热不良、环境温度过高、电池内部短路等。

影响：电解液蒸发、正负极材料结构破坏、产气增加，可能导致电池内部压力增大、热失控风险增加，严重时可能引发火灾或爆炸。

（六）内阻增大

现象：在电池充/放电过程中，内阻显著增大，导致电压降增大。

原因：电池老化、电极材料脱落、SEI 膜增厚、电解液干涸、电池内部短路等。

影响：充/放电效率降低、发热严重、容量损失、循环寿命缩短。

（七）自放电率增大

现象：电池在未使用状态下，电量自行流失速度加快。

原因：电池老化、电解液分解、电池内部短路、环境温度过高、存放时间过长等。

影响：电池保有电量减少、使用周期缩短、用户体验感变差。

综上所述，在电池充/放电过程中可能出现的异常情况多且复杂，需要采取相应的措施，如校准 BMS、更换故障部件、调整充电策略、改善电池热管理等。通过多方面措施确保电池安全、稳定、高效地运行。

六、动力电池的 SOC 与 SOH

SOC 是指电池剩余容量与电池额定容量的比值，范围为 0～100%。

SOH 是指电池当前实际可用容量与电池额定容量的比值。

检测动力电池的 SOC 与 SOH 使用的设备主要有电子负载仪（见图 2-9）、动力电池包（见图 2-10）、电池分容柜（见图 2-11）、万用表（见图 2-12）、充/放电控制盒等。

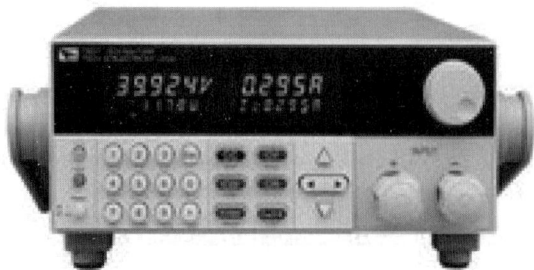

图 2-9　电子负载仪

图 2-10　动力电池包

图 2-11　电池分容柜

图 2-12　万用表

（一）动力电池的 SOC 的测量方法

1. 放电实验法

放电实验法的原理是以恒定的电流使电池处于不间断的放电状态，当放电到达截止电压时对所放电量进行计算，是一种用于确定电池的 SOC 和 SOH 的直接方法。这种方法通过测量电池在恒定电流或恒定功率条件下放电时的性能来评估电池的剩余容量。

它的显著优点是应用简单、估算精度相对较高。其缺点也很突出：不能带负载进行测量，测量需要耗费大量的时间，并且测试时必须中断电池之前的工作状态，使电池处于脱机状态，不能进行在线测量。因为行驶中的电动汽车的电池一直处于工作状态，放电电流并不恒定，所以此方法不适用于汽车动力电池，但可在电池检修和参数模型的确定中使用。

2. 安时积分法

通过对电池的电流进行积分来估算 SOC。此方法需要高精度的电流传感器，并且对电池的初始 SOC 值有要求。基于能量守恒定律，通过累加电池充/放电过程中的电流积分（充入或放出的电荷量）并结合电池的额定容量计算 SOC。公式为 SOC=（累计充放电电荷量/额定容量）×100%。

$$SOC = SOC_0 - \frac{1}{C_N} \int_0^\tau \eta I dt$$

式中，SOC_0 表示电池充/放电的初始状态；C_N 表示额定容量；τ 表示充/放电时间；η 表示充

/放电效率，不是常数；I 表示电池充/放电电流，$I>0$ 对应电池放电状态，$I<0$ 对应电池充电状态。安时积分法常规估算模型如图 2-13 所示。

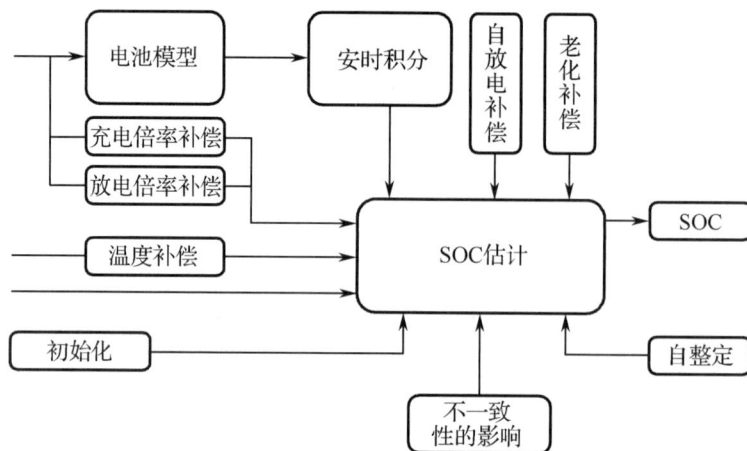

图 2-13　安时积分法常规估算模型

3. 开路电压法

开路电压法的原理是电池长时间静置后各参数相对稳定，此时的开路电压（OCV）与 SOC 间的函数关系也是相对比较稳定的。通过测量电池的 OCV，并查阅已知的 OCV-SOC 曲线，可以估算 SOC。

OCV 是指在没有电流的情况下电池的电压，即电池在完全静止状态下的电压。

OCV 与 SOC 关系：电池的 OCV 与 SOC 之间存在一定的单值对应关系。通过实验可以建立电池的 OCV 与 SOC 之间的映射关系，形成 OCV-SOC 曲线或表格，如图 2-14 所示。

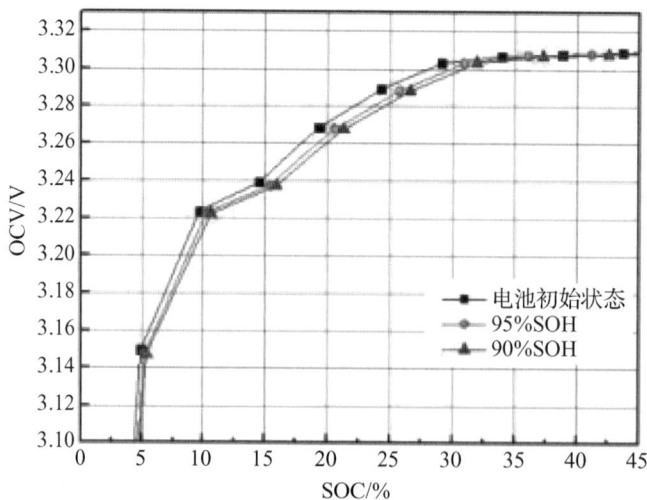

图 2-14　OCV-SOC 曲线

4. 线性模型法

线性模型法是估算电池的 SOC 的一种经典方法，其基本思想是建立 SOC 与可测量电池参数（如电压、电流、温度等）之间的线性模型。

线性模型通常通过实验数据拟合得到，将电池的 SOC 表示为可测量电池参数的线性函数。例如，最简单的线性模型可以表示为

$$SOC(t)= a\cdot V(t)+b\cdot I(t)+ c\cdot T(t)+ d$$

式中，$V(t)$ 是电池电压；$I(t)$ 是充/放电电流；$T(t)$ 是电池温度；a、b、c 和 d 是通过实验数据拟合得到的模型参数。

5. 内阻法

电池内阻随 SOC 的变化而变化，通过测量电池的交流内阻（EIS）或直流内阻，结合内阻-SOC 模型，推算 SOC。

由于内阻受电池温度、电池老化、电池充/放电状态等多种因素的影响，因此模型的建立与应用需要专业知识，且内阻测量设备成本较高。

电池的 SOC 和内阻不存在一一对应的关系，不能根据数学知识来准确建模。因此，该方法很少用于电动汽车。图 2-15 所示为电池内阻测试仪。

6. 卡尔曼滤波法

该方法的基本原理是将噪声与信号的状态空间模型作为算法模型，结合电池动态模型[如 RC 网络模型、戴维南（Thevenin）等效电路模型等]与观测数据（如电压、电流等），通过运用递归滤波算法估计 SOC。应用该方法能够处理噪声、模型不确定性及未建模动态，实现 SOC 的实时、准确估计。

7. 神经网络法

将大量相对应的电压、电流等外部数据和电池的 SOC 数据作为训练样本，神经网络模型能够学习并捕捉 SOC 与多种输入参数（如电压、电流、温度、内阻等）之间的非线性关系，在预测的 SOC 达到要求的误差范围内时，通过输入新的数据来得到电池的 SOC 预测值，实现 SOC 的实时估算。神经网络模型如图 2-16 所示。

图 2-15　电池内阻测试仪

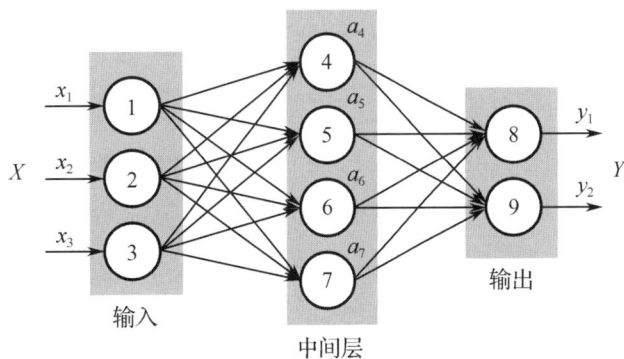

图 2-16　神经网络模型

8. SOC 主要测量方法的优缺点

SOC 主要测量方法的优缺点如表 2-2 所示。

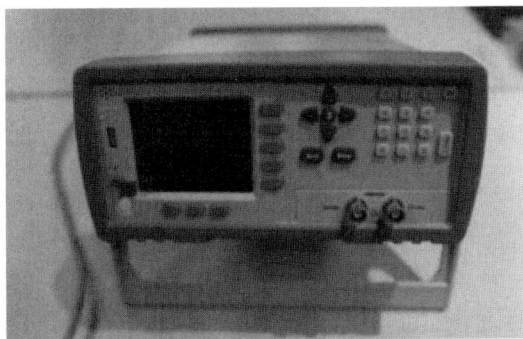

内阻测试仪

表 2-2　SOC 主要测量方法的优缺点

测量方法	优点	缺点
放电实验法	简单、准确	离线情况下适用，会改变电池状态，使电池能量损失
安时积分法	简单、准确、能在线测量	需要准确地测量电流，无法计算初始电量，对副反应较敏感，开环方法有累计误差
开路电压法	简单、准确、能在线测量	只适用于静态条件，电池需要长时间静置才能得到准确值
线性模型法	能在线测量	只适用于静态条件，电池需要长时间静置才能得到准确值
内阻法	准确	对温度较敏感、计算量大
卡尔曼滤波法	准确、能在线测量	需要一个合适的电路模型，计算量大、需要大存储空间、耗时较长
神经网络法	准确、能在线测量	计算量大、耗时长、需要大存储空间、需要训练样本

（二）动力电池的 SOH 的测量方法

SOH 描述的是电池的长期变化情况，是衡量电池当前性能相对于其全新性能的指标，通常以百分比表示。准确测量 SOH 对于评估电池剩余容量、预测电池剩余寿命、优化 BMS 策略，以及制订维护或更换计划至关重要。目前，SOH 的测量方法有以下几种。

1. 直接放电法

直接放电法是一种根据电池放电行为来评估电池的 SOH 的实验方法。这种方法的核心原理是通过研究电池在特定条件下的放电特性，如放电曲线、放电平台、放电时间等，来间接反映电池的容量和内阻等参数，进而评估电池的 SOH。目前，直接放电法是业内公认的最可靠的方法。例如，用 0.1C 的放电倍率放电，直至达到放电截止电压，放电过程大概需要 10h。

2. 电压法

电压法也称为 OCV 法，是一种通过测量电池在无负载条件下的电压来估算电池的 SOH 的方法。电压法基于电池的 OCV 和 SOC 与 SOH 之间的已知关系进行测量。

3. 内阻法

内阻法是一种通过测量电池内阻来评估电池的 SOH 的技术。电池内阻是电池在充/放电过程中内阻的体现，它随着电池的使用和老化逐渐增大。可以简单地描述为，随着电池使用时间的增长，电池内阻增大，影响电池容量，进而可以估算 SOH。对 SOH 进行如下定义：

$$SOH = \frac{R_{now} - R_{new}}{R_{old} - R_{new}} \times 100\%$$

式中，R_{now} 为电池当前的欧姆内阻；R_{new} 为电池出厂时的内阻；R_{old} 为当电池容量下降至 80% 时电池的内阻。此时，SOH 为 0~100%，一块新电池的 SOH 为 100%，报废电池的 SOH 为 0%。

4. 电化学阻抗分析法

电化学阻抗分析法的主要原理是向电池施加多个不同频率的正弦信号，然后运用模糊理论对已采集到的数据进行分析，预测电池当前的性能，以获取此款电池的特性。使用电化学

阻抗分析法之前，需要做大量的数据采集与分析工作，并且需要关于阻抗及阻抗谱的理论知识，所使用的器材造价也较为高昂，故很少使用这种方法。

5. 模型法

模型法也称基于模型的方法，是一种利用电池的电化学模型来估算电池的 SOH 的方法。这种方法的核心原理是建立一个能够描述电池充/放电过程和老化行为的数学模型，并通过模型参数的辨识来评估电池的 SOH。这种方法需要认真分析电池内部的化学反应，知道与电池相关的固有参数，如活化焓、活化熵等，并且运用此方法之前需要做大量的关于电池寿命的实验，故很少使用这种方法。

6. 电压曲线模型法

通过电压曲线模型法估算 SOH 的原理如图 2-17 所示。

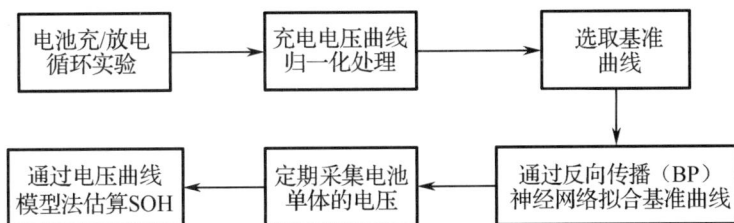

图 2-17　通过电压曲线模型法估算 SOH 的原理

7. SOH 主要测量方法的优缺点

SOH 主要测量方法的优缺点如表 2-3 所示。

表 2-3　SOH 主要测量方法的优缺点

测 量 方 法	优　　点	缺　　点
直接放电法	简单、准确	适用于离线情况，耗时长
电压法	简单、准确	适用于离线情况，耗时长
内阻法	简单、能在线测量	准确测量电池内阻比较困难，估算结果不准确
电化学阻抗分析法	简单、准确、能在线测量	数据采集与分析复杂、成本高
模型法	能在线测量	难度较大、耗时较长、试验量大
电压曲线模型法	准确、成本低	算量大、耗时长、需要大存储空间

—·—·—·—·—·////////// 项目实施 \\\\\\\\\\—·—·—·—·—

一、岗位派工

为达到控制要求，本项目引入如下岗位，请各小组成员分别扮演其中一个岗位角色，参与项目实施。各岗位工作任务如表 2-4 所示，请各岗位人员按要求完成任务并在实训工单二中做好记录。

表 2-4　各岗位工作任务

岗 位 名 称	角 色 任 务
检修项目负责人	负责整个检修项目的规划、协调和监督
电池安全监督员	确保所有检修工作遵守安全规程，监督安全措施的实施
电池单体测试工程师	对电池单体进行性能测试，包括对容量、内阻、OCV 等进行测试
BMS 技术员	检查和维护 BMS，确保其实现电池监控和保护功能
电池单体性能优化工程师	研究和实施电池单体性能优化措施
质量监督员	负责整个检修项目的质量监督工作，确保项目质量符合相关标准和要求

二、技术认知

1. 理论培训阶段

电池单体结构与原理讲解：详细介绍电池单体的内部结构，包括正极、负极、电解液、隔膜等组件的工作原理和作用。

故障类型与症状分析：梳理电池单体常见的故障，如电压异常、内阻增大、容量衰减等，分析其可能的原因和后果。

2. 检测设备与安全防护设备的使用培训

检测设备的使用：学习和掌握电池单体测试仪、内阻测试仪、电池容量测试仪等设备的使用方法，以及如何解读检测结果。

高压防护设备的介绍

安全防护设备的使用：了解并掌握在电池单体检修过程中所需的安全防护设备，如绝缘手套、绝缘鞋、防护眼镜等的正确使用方法。

3. 实操演练阶段

电池单体拆卸与安装：在教师指导下进行电池单体的拆卸和安装，熟悉电池模组内部结构，了解安全操作规程。

电池单体检修流程实践：针对模拟或有实际故障的电池单体，按照诊断流程进行检测，包括对电池单体电压、内阻、温度等参数的测量，以及对电池单体外观、连接处的检查。

4. 故障诊断与修复

故障诊断：根据实测数据和故障，分析产生故障的原因，可能涉及电池单体内部短路、断路、老化、电解液泄漏等问题。

故障修复：针对诊断出的故障，进行相应的修复操作，如更换损坏组件、清理腐蚀部位、重新焊接接头部位等。

5. 修复后的性能验证

性能测试与评估：修复故障后，对电池单体进行必要的性能测试，如对电压、内阻、充/放电性能等进行测试，确保其达到规定的性能标准。

安全检查与封装：确认电池单体的安全防护措施到位，封装符合规范要求。

6. 项目总结与报告

经验总结与分享：各小组成员对自己参与的电池单体检修项目进行总结，分享经验和心得，反思存在的问题和改进空间。

成果汇报与展示：通过报告、PPT、视频等形式，展示电池单体检修过程和成果，交流检修经验。

三、考核评分

完成任务后，由质量监督员和教师分别进行任务评价，并填写表 2-5。

表 2-5 任务评价表

项 目	评 分 点	配 分	质量监督员评分	教 师 评 分	备 注
理论知识掌握	电池基础知识	10			
	故障识别与分析	5			
	安全规范	5			
实操技能	操作检测设备（如内阻测试仪、电压表、绝缘测试仪）的熟练度和正确性	20			
数据分析能力	对故障诊断过程、修复步骤、使用的工具及材料的详细记录与分析能力	10			
故障诊断与处理	在实际操作中对电池单体进行拆装、修复、测试的规范性、效率及效果	20			
职业素养	小组成员间沟通顺畅	3			
	小组有决策计划	5			
	小组内部各岗位分工明确	2			
	操作完成后，工位上无垃圾	5			
	职业操守好，完工后工具和配件摆放整齐	5			
安全事项	在安装过程中，无损坏元器件及人身伤害现象	5			
	在通电调试过程中，无短路现象	5			
评分合计					

实训工单二　新能源汽车动力电池单体检修

一、接受任务

动力电池的 SOC 和 SOH 的测量是 BMS 的核心功能之一。下面指导学生或技术人员如何进行动力电池的 SOC 和 SOH 的测量。

二、制订计划

根据前面所了解的知识和在小组内部讨论的结果制定工作方案，指定负责人，落实各项工作，如任务实施前的准备工作、实施过程中的主要操作及协助支持工作、实施过程中相关要点和数据的记录工作等，工作计划表如表 2-6 所示。

表 2-6　工作计划表

步　骤	工　作　内　容	负　责　人
1		
2		
3		
4		
5		

根据计划完成学生任务分配，如表 2-7 所示。

表 2-7　学生任务分配表

班级		组号		指导教师	
组长		学号			
组员分配					
信息员			学号		
操作员			学号		
记录员			学号		
安全员			学号		
任务分工					

三、任务实施

（一）动力电池的 SOC 和 SOH 测量实训

项目名称	动力电池的 SOC 和 SOH 测量实训				
派工岗位		施工地点		施工时间	
学生姓名		班级		学号	
班组名称		同组成员			
实训目标	1. 掌握动力电池 SOC 与 SOH 的基本概念及其重要性。 2. 学习并实践 SOC 与 SOH 的多种测量方法。 3. 分析测量结果，评估电池的 SOC 和 SOH。				
一、实训设备与材料					
1. 电池样品（至少 3 块，具有不同的 SOC 与 SOH）。 2. 电池测试系统（充/放电设备、内阻测试仪、数据采集系统等）。 3. BMS 模拟器（或实际 BMS）。 4. 实验室温度控制系统和相关软件（用于数据分析、模型拟合等）。					

二、实训步骤
（一）理论学习与预备工作 1．学习动力电池的 SOC 与 SOH 的基本概念、测量方法及相关理论知识。 2．根据实训设备与材料清单，检查并熟悉设备操作，确保所有设备功能正常。 （二）SOC 测量与分析 1．开路电压法 步骤：使电池静置，测量其 OCV；查阅或建立 OCV-SOC 曲线，计算 SOC。 记录：记录各电池的 OCV、计算 SOC 并进行误差分析。 2．安时积分法 步骤：通过电池测试系统进行恒流充/放电，实时记录电流值；根据电流积分计算 SOC。 记录：记录充/放电过程中的电流曲线、计算 SOC 并进行误差分析。 3．BMS 模拟 步骤：使用 BMS 模拟器（或实际 BMS）对电池进行管理，观察其 SOC 估算结果。 记录：记录通过 BMS 估算的 SOC 并与通过前述方法得到的 SOC 进行对比分析。 （三）SOH 测量与分析 1．直接放电法 步骤：按照规程进行恒流恒压放电实验，测量电池的实际放电容量；计算 SOH（实际容量/额定容量）。 记录：记录放电曲线、实际容量、计算 SOH 并进行误差分析。 2．内阻法 步骤：使用内阻测试仪测量电池的交流内阻或直流内阻；查阅或建立内阻-SOH 模型，计算 SOH。 记录：记录内阻值、计算 SOH 并进行误差分析。 3．模型法 步骤：选择合适的电池动态模型（如戴维南等效电路模型），基于已测数据拟合模型参数；使用模型预测 SOH。 记录：记录模型参数、预测 SOH 并与通过前述方法得到的 SOC 进行对比分析。
三、结果讨论
1．结果对比与误差分析：比较通过不同方法测得的 SOC 与 SOH，分析误差来源，评估各方法的准确性和适用性。   2．电池性能评估：根据测量结果评估电池当前的性能（如容量保持率、内阻增长率等）。

3．实训总结：撰写实训报告，包括实训目的、设备与材料、操作步骤、测量结果、误差分析、电池性能评估及个人心得体会。
四、遇到的问题及解决措施
遇到的问题：   解决措施：
五、收获与反思
我的收获：   我的反思：

六、综合评分	

（二）电池分容

项目名称		电池分容			
派工岗位		施工地点		施工时间	
学生姓名		班级		学号	
班组名称		同组成员			
实训目标	1. 掌握电池分容的基本原理与操作流程。 2. 学习并熟练使用电池分容设备进行电池充/放电测试。 3. 理解并分析电池分容数据，评估电池性能。				

一、实训设备与材料

1. 电池单体（不同类型、容量、厂商等）样品若干。
2. 电池分容设备（恒流源、电压表、电流表、数据采集系统等）。
3. 电池测试夹具与连接线。
4. 计算机及数据分析软件。
5. 安全防护设备（防护眼镜、防静电手套、灭火器等）。

二、实训步骤

前期准备：
1. 检查电池外观，确保无破损、渗液等异常情况。
2. 阅读电池规格书，了解其额定容量、充电截止电压、放电截止电压等参数。
3. 检查电池分容设备的功能是否完好，设定合适的测试参数（充/放电电流、电压精度等）。

电池分容测试：
1. 充电测试。
（1）将电池正确连接至电池分容设备，进行恒流充电，设定充电电流。
（2）观察并记录充电过程中的电压、电流变化，直至达到充电截止电压。
（3）停止充电，使电池静置一段时间（如 1h），记录 OCV。
2. 放电测试。
（1）进行恒流放电，设定放电电流，记录放电过程中的电压、电流变化。
（2）当电池电压降至放电截止电压时，停止放电，记录放电容量。
3. 数据处理与分析。
（1）计算电池的实际充/放电容量，与额定容量进行对比，评估容量的一致性。
（2）分析充/放电曲线，观察是否存在异常（如电压偏移、陡降等），评估电池性能。
（3）计算电池的放电效率（放电容量/充电容量），评估电池的能量转化效率。

后期工作：
1. 关闭电池分容设备，断开电池连接，整理实验设备与场地。
2. 整理测试数据，填写实训报告，包括测试过程、数据记录、结果分析、问题与建议等。

三、安全注意事项

1. 在实训过程中务必使用防护设备，遵守实验室安全规定。
2. 避免电池短路，操作时注意正负极标识，使用专用夹具与连接线。
3. 发现电池异常（发热、冒烟、鼓胀等）应立即停止测试，采取应急措施。
4. 实训结束后，妥善处置废旧电池，遵循环保规定。

四、评估标准

1. 能正确操作电池分容设备，完成电池充/放电测试。

2．能准确记录并分析测试数据，评估电池性能。

3．遵守安全规定，无安全事故发生。

五、遇到的问题及解决措施

遇到的问题：

解决措施：

六、收获与反思

我的收获：

续表

我的反思：	
七、综合评分	

四、评价反馈

（1）各小组代表展示 PPT，介绍任务的完成过程。

（2）以小组为单位，对各小组的操作过程与操作结果进行自评和互评，并将评价结果填入表 2-8 中的小组评价部分。

（3）教师对学生的工作过程与工作结果进行评价，并将评价结果填入表 2-8 中的教师评价部分。

表 2-8　实训评价表

班级		组号		姓名		学号	
实训任务							
评价项目		评价标准				分值	得分
小组评价	计划决策	制定的工作方案合理可行，小组成员分工明确				10	
	任务实施	能够正确检查并设立实训工位				5	
		能够准备和规范使用工具与设备				5	
		能够正确设置电池分容设备				20	
		能够正确测量动力电池的 SOC 与 SOH				20	
		能够规范填写实训工单				10	
	任务达成	能按照工作方案进行操作，按计划完成工作任务				10	
	工作态度	认真严谨，积极主动，安全生产，文明施工				10	
	团队合作	小组成员积极配合，主动交流，协调工作				5	
	6S 管理	完成竣工检验，现场恢复				5	
		小计				100	
教师评价	实训纪律	不出现无故迟到、早退、旷课现象，不违反课堂纪律				10	
	方案实施	严格按照工作方案完成任务				20	
	团队协作	任务实施过程互相配合，协作度高				20	
	工作质量	能准确完成使用电池分容设备测量动力电池的 SOC 与 SOH 的任务				20	
	工作规范	操作规范，三不落地，无意外事故发生				10	
	汇报展示	能准确表达，总结到位，改进措施可行				20	
		小计				100	
综合得分	小组评价得分×50%+教师评价得分×50%						

项目三　新能源汽车动力电池包检修

◎ **知识目标** ◎

1. 理解动力电池包的组成部件及其相互关系。
2. 了解各类电芯的化学体系、性能特点及应用范围。
3. 掌握故障诊断流程、工具使用方法及故障码解析方法。

◎ **能力目标** ◎

1. 能够使用专门的工具和设备对动力电池包进行检测和诊断。
2. 能够执行正确的充电和放电程序，以确保电池性能的最大化和安全性。
3. 能够处理常见的故障，并对电池系统进行必要的调整和优化。

◎ **素质目标** ◎

1. 在学习电池检修的过程中，培养团队协作能力，学会与同伴沟通和协作解决问题。
2. 通过实际案例分析和操作训练，提高分析问题和解决问题的能力。
3. 树立终身学习的理念，以适应新能源汽车快速发展的需求。

————————//////////　项目导入　\\\\\\\\\\————————

　　不同车型的动力电池包有一些差异。例如，北汽新能源 EV160、EV200 的动力电池包采用特定的电芯类型和容量。在动力电池包拆装过程中需要注意什么？动力电池包中的动力电池系统有什么作用？通过不断优化检修流程和技能，培养学生追求卓越、精益求精的工匠精神，使学生认识到技术服务于社会，培养学生的服务社会意识和奉献精神。

　　本项目引导学生树立终身学习的理念，使其不断提升自己的专业技能和综合素质，以适应不断变化发展的行业需求。

任务一　检修动力电池包绝缘故障

◎ **任务引入** ◎

电池包绝缘检测-1

　　随着新能源汽车产业的快速发展，动力电池包作为核心组件，其安全稳定运行至关重要。其中，绝缘故障是影响动力电池包正常工作和车辆安全的重要因素之一。绝缘故障可能导致动力电池包内部短路、高压电泄漏、火灾等严重后果，对车辆性能、驾乘人员安全及周围环境构成威胁。因此，对动力电池包绝缘故障的精准检测、诊断与修复，是确保新能源汽车安全运行、延长动力电池包使用寿命的关键环节。

◎ **任务目标** ◎

1. 准确识别动力电池包绝缘故障。
2. 掌握动力电池包绝缘检测的方法。
3. 掌握深入分析绝缘故障原因的方法。
4. 了解实训中可能存在的安全问题，明确敬业精神在实际操作中的重要性。

◎ **知识链接** ◎

引导问题1：
请查阅相关资料，简述目前新能源汽车工作环境中的哪些因素会破坏绝缘层。
引导问题2：
请查阅相关资料，简述致命电流的定义。

一、动力电池包绝缘检测的意义

（一）绝缘检测的重要性

　　新能源汽车的动力系统涉及一个高电压、大电流电路。在正常情况下，高压系统是一个封闭的系统，对车体是完全绝缘的。绝缘检测是防止电气设备因绝缘失效导致漏电、短路、电击等安全事故的重要手段。通过绝缘检测可以及时发现并排除绝缘缺陷，确保设备在安全的工作状态下运行，保护人员和设备不受电击伤害，避免火灾等电气事故的发生。

　　良好的绝缘性能是保证电气设备稳定、高效运行的基础。绝缘材料的老化、受潮、机械损伤等都会导致绝缘性能下降，增加设备故障率和能耗。定期进行绝缘检测并及时对绝缘材料进行修复，可以有效延缓绝缘材料的劣化进程，延长设备的使用寿命，减少维修成本。

许多国家和地区对新能源汽车的安全标准都有严格的规定，包括定期进行绝缘检测。这不仅出于安全考虑，而且符合相关法规的要求。

（二）动力电池包对绝缘电阻值的要求

由《特低电压（ELV）限值》（GB/T 3805—2008）可知，在一定电压的作用下，通过人体的电流的大小与人体电阻有关（在有触电保护装置的情况下，人体允许通过的电流为30mA），一般在干燥、无外伤情况下，人体的电阻为10000~100000Ω。

纯电动汽车动力电池包（见图 3-1）对绝缘电阻值的要求通常基于安全标准、行业规范和制造商的具体规定，以下是几个通用的原则和参考值。

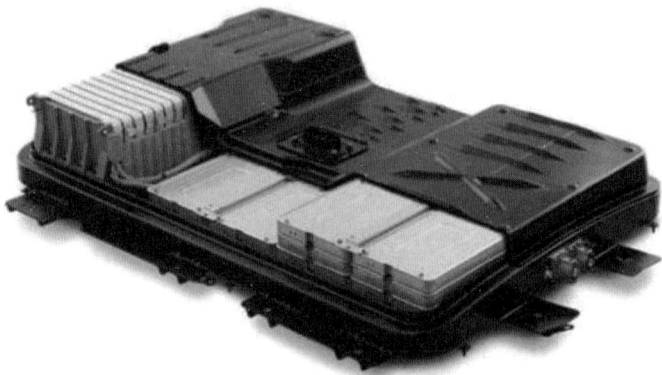

图 3-1　纯电动汽车动力电池包

1. 安全标准要求

根据国际电工委员会（IEC）和各国相关标准，如中国的 GB/T 31467 系列标准、美国的 UL 2580 标准等，对动力电池包的绝缘电阻值都有明确的规定。通常要求在一定的测试电压下（如 500V DC），动力电池包的绝缘电阻值应大于一定的数值，如 100MΩ、200MΩ 甚至更高，以确保在正常工作和故障条件下，动力电池包内部与外部（车体、地面等）之间有足够的绝缘隔离措施，防止电击风险和短路事故。

2. 制造商规范

由国际电工电子标准可知，人体没有任何感觉的电流安全阈值是 2mA。不同的电池制造商可能会根据产品的特性和应用场合，设定更为严格的绝缘电阻要求，这些要求可能涵盖电池包整体、电池单体之间、电池与外壳之间、高压连接线束与地之间的绝缘电阻要求。

因此，在新能源汽车的开发中，要注意高压电气系统的绝缘设计，严格设定绝缘电阻值，使泄漏电流在安全的范围内。

3. 测试条件

绝缘电阻值的测量应在特定的环境温度（20±5℃）和湿度条件下进行，且动力电池包应处于静置状态（充满电后放置一段时间）。此外，测量前应确保动力电池包表面清洁干燥，无导电尘埃、液体等影响测量结果的因素。

4. 动态监测

除了静态的出厂检验和定期维护检查，BMS 通常应具备实时监测和报警功能，一旦检测到绝缘电阻值异常，就要及时发出警告。在车辆运行过程中，BMS 会持续或定期测量绝缘电阻值，一旦检测到绝缘电阻值低于设定的阈值（几兆欧至几十兆欧），就会发出警告并采取保护措施，如切断高压回路、限制充电电流等，防止由绝缘故障引发的安全问题。

不同的电池类型、使用场景和安全标准可能对绝缘电阻值的要求有所差异。因此，在设计和应用动力电池包时，需要充分考虑各种因素，并确保符合相关的标准。

（三）电流的分类

实践证明，并不是所有的触电都会导致人死亡，根据人体对电流的身体机能反应和受伤程度，触电电流可分为感知电流、摆脱电流、心室纤维性颤动电流（致命电流）。电流与时间的关系如图 3-2 所示。

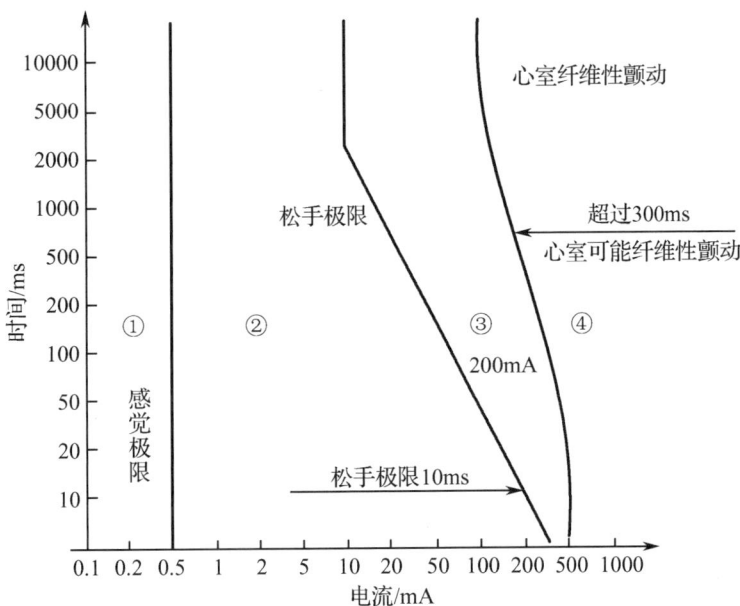

图 3-2　电流与时间的关系

1. 感知电流

感知电流是指人体能够感受到的电流刺激，通常是指引起人体触电感觉或生理反应的最小电流。试验资料表明，对于不同的人，感知电流也不相同。成年男性平均感知电流约为 11mA，成年女性平均感知电流约为 0.7mA。感知电流并不是固定不变的，它受多种因素的影响，包括电流的类型（直流电、交流电）、电流的路径（皮肤接触、体内流过）、个体差异（性别、年龄、健康状况、皮肤湿润度等）和电流持续时间等。

2. 摆脱电流

摆脱电流是指人触电后能自主摆脱电源的最大电流，是人体可以忍受的一般不会造成不良后果的电流。摆脱电流与个体生理特征、电极形状、电极尺寸等因素有关。对于不同的人，

摆脱电流也不相同，成年男性平均摆脱电流约为 16mA，成年女性平均摆脱电流约为 10.5mA；成年男性最小摆脱电流约为 9mA，成年女性最小摆脱电流约为 6mA。表 3-1 所示为人在摆脱电流范围内触电后的生理反应。

表 3-1　人在摆脱电流范围内触电后的生理反应

电流/mA	生理反应
0～0.9	无感觉
0.9～3.5	感到麻木但非病态反应
3.5～4.5	有些不适的麻木痛楚，轻微痉挛，反射性的手指肌肉收缩
5.0～7.0	手感到痛楚，且表面有痉挛
8.0～10.0	全手病态痉挛、收缩，且麻痹
11～12.0	肌肉收缩，痉挛传至肩部，痛感大（接触带电体时间不超过 30s）
13～14.0	手全部抓紧，必须用力才能放开带电体（接触带电体时间不超过 30s）
15	手全部抓紧，不能放开带电体

3. 致命电流

致命电流是指在较短时间内危及生命的最小电流。当有一较大的电流通过人体时，通过时间超过某一界限值后，人的心脏的正常活动会被破坏，心律被打乱，心脏不能进行强力收缩，失去循环供血的机能，这种现象称为心室纤维性颤动。人体持续通电时间越长，能量积累越多，越容易引起心室纤维性颤动，生命就越危险。

（四）电池系统绝缘能力的判断

判断电池系统绝缘能力的高低通常根据绝缘电阻和泄漏电流这两个参数。

1. 绝缘电阻测量

绝缘介质的电阻值是衡量绝缘介质绝缘性能好坏的物理量。直接测量电池系统各关键节点与地之间的电阻值，评估绝缘介质的绝缘性能。依据相关标准（GB/T 31467 系列标准、UL 2580 标准等），要求绝缘电阻值通常在数百兆欧（MΩ）以上。

2. 泄漏电流监测

应实时监测电池系统在工作状态下的泄漏电流，评估绝缘性能随时间的变化。设定阈值，当泄漏电流超过阈值时，BMS 应能报警并采取保护措施。

引导问题 3：

请查阅相关资料，简述动力电池包绝缘不良之后应当如何处理。

二、动力电池包绝缘电阻的测量方法

按照《电动汽车安全要求》（GB 18384—2020）和《电动汽车用动力蓄电池安全要求》（GB 38301—2020），测量动力电池包的绝缘电阻时，若动力电池的电流接合开关集成在动力

电池内部，则测量时电流接合开关应全部闭合。如果车辆有动力电池绝缘电阻监测系统，则应将其关闭，以免影响测量结果。动力电池包绝缘电阻的测量应在动力电池包满电状态下进行，环境温度为22±5℃，湿度为15%～90%。电压检测工具的内阻应≥10MΩ。

动力电池包绝缘电阻的测量步骤（见图3-3）如下。

（1）使动力电池包内的电力、电子开关处于激活状态，保证动力电池包处于接通（上电）状态。

（2）用相同的两个电压检测工具同时测量动力电池包正、负极两个端子和电平台之间的电压，如图3-3（a）所示。待读数稳定后，较高的一个为 U_1，较低的一个为 U_1'。

（3）添加一个已知电阻 R_0，电阻值为1MΩ。如图3-3（b）所示，电阻 R_0 并联在动力电池包的 U_1 侧端子与电平台之间。再用步骤（2）中的两个电压检测工具同时测量动力电池包正、负极两个端子和电平台之间的电压，待读数稳定后，测量值分别为 U_2 和 U_2'。

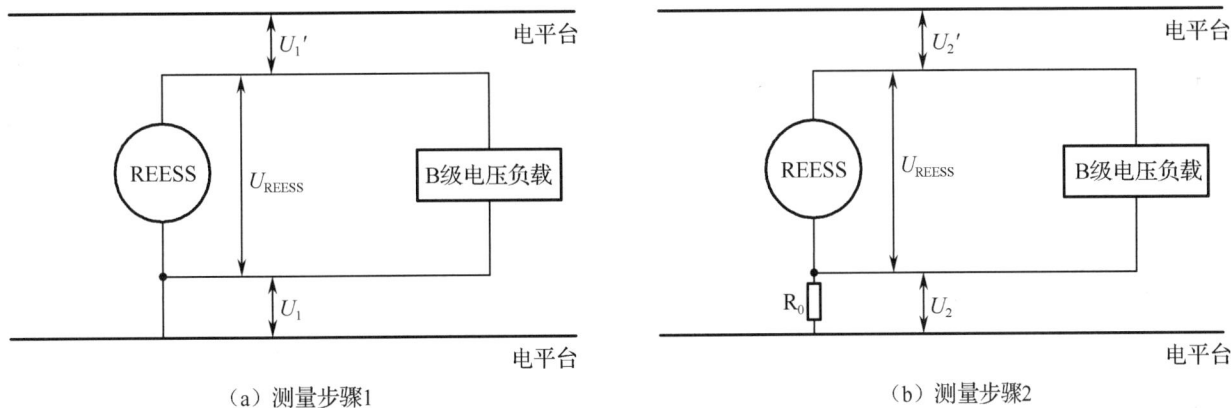

（a）测量步骤1　　　　　　　　　　　　（b）测量步骤2

图3-3　动力电池包绝缘电阻的测量步骤

三、动力电池包绝缘电阻测量的注意事项

动力电池包绝缘电阻测量是一项对电池系统安全至关重要的检测工作，需要注意以下几点。

（1）安全防护：操作人员应穿绝缘鞋、戴绝缘手套、戴防护眼镜等，防止触电风险。确保测量设备接地，防止意外电流回流对人造成伤害和使设备损坏。

（2）正确使用绝缘电阻测试仪：使用专门的绝缘电阻测试仪（兆欧表）进行测量，并确保测试仪的电压等级与被测电池系统相匹配。不要使用电压过高的测试仪，以免损坏电池或引起其他安全隐患。

（3）测量多节电池串联时的绝缘电阻：在多节电池串联的情况下，需要分别测量每节电池的绝缘电阻，以确保每节电池的绝缘性能都符合要求。

（4）记录测量数据：详细记录每次测量的日期、时间、电池状态（如充电程度）、测量结果等信息，便于后续分析和维护。

（5）避免感应电流：在进行测量时，要避免周围电磁场的干扰，因为感应电流可能会影响测量结果。

（6）使用适当的测试电压：测试电压的选择应当基于电池系统的额定电压。过高或过低的测试电压都会影响测量的准确性。

（7）测量动力电池包绝缘电阻时应严格遵守安全规定，确保测量环境、设备、方法的准确性，做好数据记录与分析，及时发现并处理绝缘故障，保障动力电池包及人员的安全。

任务二　检修及更换电池模组汇流铜排

◎ 任务引入 ◎

在新能源汽车的动力电池包中，电池模组汇流铜排起着至关重要的作用。它负责将各个电池模组的电流汇总并传输到 BMS 和车辆的其他部分。随着时间的推移，使用过程中会产生各种应力，汇流铜排可能会遭受腐蚀，产生断裂或其他类型的损伤，这可能影响动力电池包的性能和安全。因此，检修及更换电池模组汇流铜排是动力电池包维护中的一个重要任务。

◎ 任务目标 ◎

1. 了解汇流铜排在动力电池包中的功能和重要性。
2. 掌握和识别汇流铜排可能出现的问题。
3. 掌握使用专业设备诊断汇流铜排故障的技能。
4. 了解不同品牌汽车 EV 功能受限的故障，培养积极探索的精神。

◎ 知识链接 ◎

引导问题 1：
请查阅相关资料，写出汇流铜排的原材料。

引导问题 2：
请查阅相关资料，简述合格的汇流铜排需要经历哪些测试。

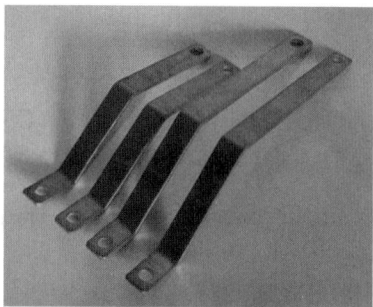

图 3-4　汇流铜排

一、汇流铜排的作用

汇流铜排（见图 3-4）又称连接铜排，是新能源汽车动力电池常用的一种软性导电装置，用于汇集、传输电能，广泛应用于电力系统、电子设备、新能源汽车电池模组等场景。其主要功能是将多个电气回路中的电流汇聚在一起，通过单个或少数几个点进行集中控制或监测，以提高系统布局的紧凑性、简

化布线、降低电阻损耗和提高安全性。

汇流铜排的主要作用如下。

1．电流汇集与分配

汇流铜排作为多条电路的交汇点，可以汇集多路电流，并将其分配至不同的负载或存储设备，将电池单体的正极或负极通过汇流铜排连接在一起，实现电池模组内部电流的汇集，确保大电流的稳定传输。

2．提高系统效率

通过汇流铜排可以简化电路连接，减少电线的使用，降低电路中的能量损耗，提高系统效率。

3．结构支撑

汇流铜排为具有一定强度和刚性的结构，能够为电池模组提供物理支撑，增强其整体结构的稳定性。

4．增强系统的可靠性

汇流铜排通常配备绝缘护套或涂层，能进行必要的电气隔离，防止短路，保障使用安全；有助于减少由接线错误或接触不良导致的故障，提高整个电气系统的稳定性和可靠性。

二、汇流铜排技术要求

汇流铜排通常根据应用需求制成不同的形状和尺寸，可能具有防腐蚀涂层或绝缘层，以确保在各种环境条件下都能可靠地工作。为了增加续航，新能源汽车的动力电池需要大量的电池单体，这些电池单体又组成了若干电池模组，其空间排布十分复杂。为了适应不同的工作环境，制作汇流铜排的材料通常选择紫铜、黄铜或铝。

（一）制作材料要求

汇流铜排通常由具有高电导率的铜材料制成，以确保低电阻和高载流量。其表面应光洁、平整，无裂纹、无夹杂物。有时需要对其进行特殊处理，如镀锡或搪锡，以防氧化和提高导电性。

汇流铜排的尺寸和形状应根据设计图纸和载流量的要求定制，以满足特定的电气和机械需求。

（二）外观要求

汇流铜排在制作过程中可能需要弯曲，其弯曲半径和弯曲角度需符合特定的工艺标准，以避免出现不必要的机械应力和电气故障。

汇流铜排与电气元件必须紧密连接，通过合适的螺栓和螺母进行固定，紧固力矩需符合规定。

（三）技术要求

汇流铜排的技术要求涵盖导电性、机械性能、热管理、绝缘防护、工艺要求、结构设计、以及标准化与互换性等多个方面，旨在确保其在电池模组中稳定、高效、安全地传输大电流，延长电池模组的使用寿命，提高新能源汽车动力系统的性能。

1. 性能要求

热缩管耐压 1000V AC 以上；热缩管的阻燃级别为 UL94-V0 级；耐温-40～125℃。

2. 耐压测试

采用耐压测试仪，在 1kV 的直流电压下测试 60s，漏电量应小于 5mA，否则视为不合格。使用绝缘电阻测试仪 1000V DC 进行测试，电阻稳定后绝缘阻抗应大于 500MΩ，否则视为不合格。

3. 耐温测试

将制作好的汇流铜排置于-40℃的环境中 4h，要求热缩管不龟裂；置于 125℃的环境中 4h，要求热缩管不开裂。

4. 热缩管阻燃测试

热缩管应具有 UL94-V0 级阻燃性。测试方法为采用丙烷平面燃烧器以不低于 1000℃的火焰与试样接触，在燃烧 5min 之后移开火焰，试验后 30s 内火焰应能自行熄灭，否则视为不合格。

5. 过流能力

在 30℃环境下，以 1C 的充电倍率充电或以 1C 的放电倍率放电，持续时间 30min，汇流铜排表面温度应小于 55℃。汇流铜排的测试如图 3-5 所示。

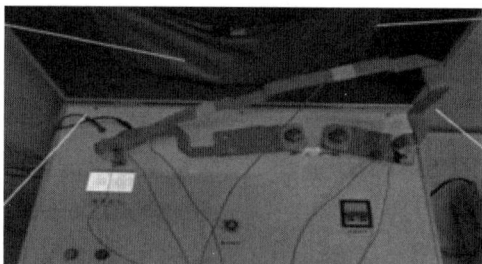

图 3-5　汇流铜排的测试

6. 环境适应性测试

模拟不同的环境条件，如温度、湿度等，测试汇流铜排的适应性和耐久性。

7. 疲劳测试

专业的疲劳测试机能够提供周期性的电流或应力，模拟实际工作条件。将汇流铜排两端固定在测试台上，调整振动频率为 4200 次/时，共测试 20000 次，在 10X 显微镜下观察，应无断裂现象。参考相关的国家或国际标准［如《电工用铜、铝及其合金母线》（GB/T 5585—2008）］进行测试。

8. 盐雾测试

确定汇流铜排及其镀层在盐雾环境中的耐腐蚀性能，模拟海洋或含盐的大气环境对汇流铜排的影响。依据相关的国际或国家标准，如 ISO 9227、《人造气氛腐蚀试验 盐雾试验》（GB/T 10125—2021）等，进行盐雾测试。

用中性盐雾测试 96h 后，汇流铜排应基本无腐蚀，且套管无软化变色。

任务三　完成动力电池包整包更换

电池包的更换

◎ 任务引入 ◎

随着新能源汽车的普及，动力电池包作为汽车动力系统的核心组成部分，其性能与状态直接影响汽车的续航里程、安全性和人的驾驶体验。然而，随着使用时间的增长和充/放电循环次数的增多，动力电池包可能出现容量衰减、内阻增大、热管理问题、电池单体故障等，导致汽车性能下降、续航里程缩水，甚至存在安全隐患。在这种情况下，对达到更换标准的动力电池包进行整包更换，是恢复汽车性能、保障行车安全、延长汽车使用寿命的重要措施。

◎ 任务目标 ◎

动力电池举升平台-11.1

1. 准确判断动力电池包是否达到更换标准。
2. 掌握电池单体串/并联的特点。
3. 具有安装、拆卸动力电池包的能力。
4. 在电池更换和新能源汽车的推广中，坚持以人为本，树立全面、协调、可持续的发展观。

◎ 知识链接 ◎

引导问题 1：

请查阅相关资料，简述电池单体串联成电池组之后，哪些参数会出现变化。

一、电池单体串联的电池组结构

电池单体串联成电池组的基本原理是将多个电池单体的正极与相邻电池单体的负极依次相连，形成一个串联电路。这种结构可以将各个电池单体的电压叠加，获得所需的工作电压。

（一）电池单体串联的电池组

电池单体串联的电池组是指将多个同类型、同规格的电池单体通过正极和负极依次首尾相连，形成一个输出电压较高的电池组。新能源汽车的驱动电机、压缩机、PTC 加热器、电源 DC/DC 转换器（直流/直流转换器）等高压部件的直流工作电压高达 340V，而电池单体的

电压只有 3.2V。因此，在实际使用过程中需要将电池单体串联，以提高电池组的工作电压，如图 3-6 所示。

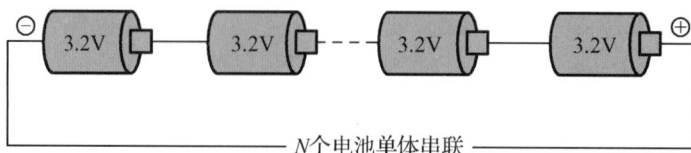

图 3-6　电池单体串联

通过串联方式可以将电池单体的较低电压叠加，满足高电压应用的需求，如电动汽车的电池组往往需要几百伏特以上的电压。当电池组中的某个电池单体出现故障时，电池组不会输出电压。

电池单体串联的电池组通过电压叠加满足高电压应用需求，但需通过 BMS 进行精细管理，确保各电池单体的一致性，同时配备必要的安全防护措施与合理的机械结构设计，保障电池组的性能、安全和使用寿命。

（二）锂离子电池组充电

锂离子电池组（见图 3-7）充电是电池组管理中的一个重要环节。在锂离子电池串联使用时，每个电池单体需要以相同的电流充电，以保障电池组的性能和安全。

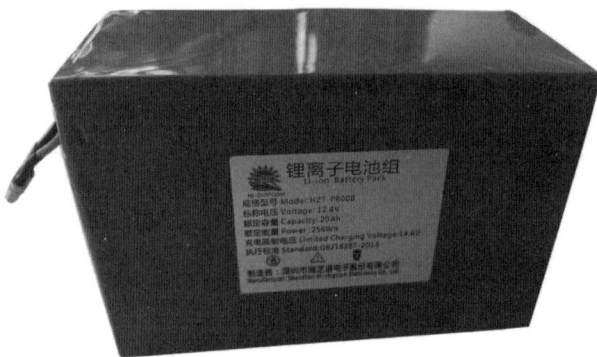

图 3-7　锂离子电池组

1. 充电原理

在电池单体串联的电池组中，电流路径唯一，所有电池单体需要相同的充电电流。总充电电压等于各电池单体电压之和。通常采用恒流-恒压（CC-CV）充电模式，先以恒定电流充电至电池单体电压接近其充电截止电压，然后转为恒压充电，直至充电电流降至预设的阈值以下。

2. 均衡挑战

由于制造公差、老化等，在电池单体串联的电池组中，电池单体可能存在容量、内阻等差异，充电时各电池的 SOC 不一致。在充电过程中，率先满充的电池可能发生过充，而充电较慢的电池可能充电不足，从而影响整个电池组的性能和寿命。

3. 充电参数设定

设定合适的充电电流，既要保证充电效率，又不能超过电池单体的最大充电电流，防止电池过热或受损。设定电池单体的充电截止电压，防止过充，通常为电池额定电压的10%～20%，如三元锂电池的充电截止电压约为4.2V。

4. 充电过程监控

BMS实时监测各电池单体的电压、电流、温度等参数，确保串联的每个电池单体都能均衡充电，避免电池单体过充或欠充。当检测到过压、过热、过流等异常情况时，BMS应立即中断充电，并执行相应的保护措施。

5. 安全措施

充电结束后，让电池组静置一段时间，使电池单体电压稳定。部分电池组可能在充电结束后会进行主动或被动均衡，进一步平衡各电池单体的SOC。

根据充电数据和电池状态参数评估电池组的健康状况，预测其剩余寿命，为做出维护决策提供依据。综上所述，锂离子电池组充电需要兼顾充电效率、电池安全和寿命维护，通过合理的充电策略、均衡技术、参数设定和过程监控，确保电池组高效、安全地充电。

引导问题2：

请查阅相关资料，简述电池单体并联成电池组之后，哪些参数会出现变化。

二、电池单体并联的电池组结构

为了确保新能源汽车达到预期的续航里程，汽车主机厂在设计阶段会进行综合评估，成本效益是影响消费者选择的重要考量。汽车主机厂需要在不牺牲性能和安全的前提下，控制整车成本。

车辆的重量直接影响能耗和续航能力。通过采用轻量化材料和优化结构设计，减轻车身自重，提高能效。

（一）电池单体并联的电池组

出于对各种因素的考虑，汽车主机厂将容量低的电池单体并联来增加电池容量。电池单体并联的电池组是指将多个同类型、同规格的电池单体通过正极与正极、负极与负极相连，形成一个总电流等于各电池单体电流之和、总电压等于电池单体电压的电池组，如图3-8所示。

在构建新能源汽车的电池系统时，工程师会采用并联和串联的组合方式来优化电池组的性能。具体来说，首先，通过将电池单体并联连接，可以增加电池组的总容量。并联后的电池组在保持电池单体电压不变的情况下，通过累加各电池单体的放电能力，提升整个电池组的放电容量。然后，将若干并联组合后的电池"模块"或"电池砖"串联起来，来提高整个电池系统的总电压。串联不仅可以提升电压，还能保持电池组的总容量不变。

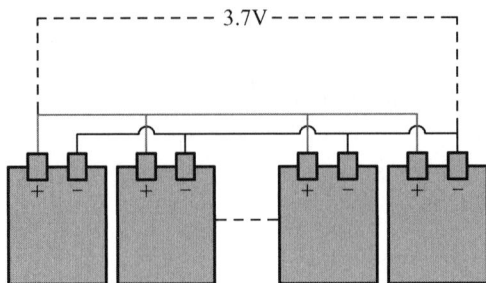

图 3-8　电池单体并联

通过先并联后串联的方式，电池系统能够在电压和容量两个关键参数上都得到增强。这样，电池组不仅能够提供更大的能量来提高车辆的续航能力，还能提高放电倍率，满足汽车在高负荷状态下对电力的需求。

在图 3-9 中，可以直观地看到通过并联和串联不同数量的电池单体，形成具有特定电压和容量的电池组。

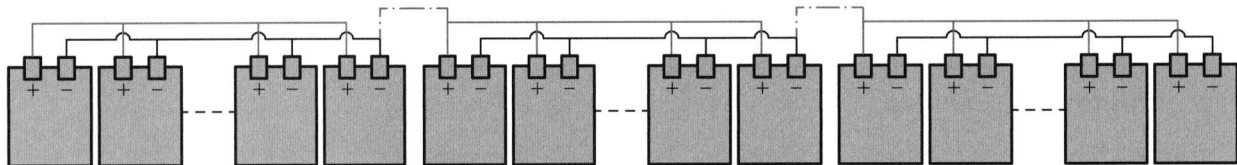

图 3-9　电池单体先并联再串联

（二）并联电池组的情况概述

在电池单体并联使用时，需要注意以下几个关键的技术和操作问题，确保电池组的性能和安全。

（1）内阻较小的电池单体倾向于向内阻较大的电池单体放电，这种现象称为环流。通常较新或容量较大的电池单体内阻较小。

（2）在放电过程中，内阻较小的电池单体会率先放电，直到各个电池单体的电压达到较为一致的水平时，才会协调放电。

（3）避免将不同品牌、不同容量或新旧不同的电池单体混合并联使用。这有可能导致各电池单体性能不匹配，影响电池组的整体性能和安全。

电池配组标准是指在进行电池串/并联使用前，需要对电池单体进行严格的配组，以确保它们的性能尽可能一致。在电池配组时应按照以下标准进行。

（1）电池单体电压差异应控制在 30mV 以内。

（2）电池单体内阻差异应控制在 0.2mΩ 以内。

（3）电池单体容量差异应控制在 10mA·h 以内。

无论是串联还是并联，使用的电池单体应具有高度一致性，包括电压、内阻和容量。电池单体在串/并联使用时，必须配备适当的保护电路，如保护板，以防过充、过放、过流和短路。

项目实施

一、岗位派工

为达到控制要求，本项目引入如下岗位，请各小组成员分别扮演其中一个岗位角色，参与项目实施。各岗位工作任务如表 3-2 所示，请各岗位人员按要求完成任务并在实训工单三中做好记录。

表 3-2　各岗位工作任务

岗 位 名 称	角 色 任 务
故障诊断技师	使用专业诊断设备读取 BMS 数据，分析故障代码，确定故障范围
高压安全专家	负责整个检修过程中的高压安全监控，确保作业区域符合安全标准； 指导团队成员按照高压安全操作规程进行作业，确保人员安全和设备安全
电池单体测试工程师	对电池单体进行性能测试，包括容量、内阻、OCV 等
BMS 技术员	负责 BMS 的软件诊断与编程，包括故障代码清除、软件更新、参数校准等； 解决 BMS 通信故障，确保 BMS 与电池单体、车辆控制单元的通信正常； 分析 BMS 数据，优化电池管理策略，提高动力电池包的性能
质量监督员	负责动力电池包检修后的全面质量检查，包括电气性能测试、安全功能验证等； 确认所有维修工作符合质量标准，确保动力电池包能安全、可靠地重新投入使用

二、技术认知

1. 安全操作

检修工作应由取得相应资格的专业人员进行，并严格遵守相关的安全操作规程。例如，《电动汽车用锂离子动力蓄电池包和系统第 3 部分：安全性要求与测试方法》规定了电动汽车用锂离子动力蓄电池包和系统的安全性要求与测试方法。

2. 检测流程

检测流程应包括外观状态检查、故障读取、拆卸、维修、更换、组装封箱和性能检测［充放电生命周期终止（EOL）测试、气密性测试等］。团体标准《新能源汽车动力蓄电池检测与维修规范》对这些流程提出了具体要求。

3. 维修评估

根据新能源汽车动力电池的维修流程制定维修方案，必要时更换出现故障的零部件。如果检测出电池单体有质量问题，则应由经过培训的专业人员更换电池单体或电池模组。

4. 评价报告

完成检测及评估后，需要形成评估报告。《新能源汽车动力蓄电池检测与维修规范》提供了参考报告的样例，要求维修单位填写对应项目的测量值和判定是否存在异常情况。

5. 人员培训

从事动力电池维修的从业人员应持有特种作业（低压电工作业）操作证，并且经过培训和考核合格。

6. 设备和工具

维修企业应具有适当的设备和工具，包括绝缘地面、事故电池隔离设施、风险电池紧急运送通道、水基灭火器、灭火水槽、消防栓等。

7. 授权和合作

维修企业需要获得汽车主机厂和电池生产企业的授权，并与其共同探讨如何为消费者提供安全、方便、低成本的服务。

8. 能力提升与数据积累

维修企业需要提升技术能力、服务能力、供应链能力，并储备人才和积累数据，以提高维修服务质量。

9. 遵循规范

维修企业应遵循《新能源汽车动力蓄电池检测与维修规范》等，确保服务流程符合要求。

10. 持续改进

维修企业和政府管理部门高度重视标准的修订内容和进程，鼓励维修企业按照标准审查自身的服务流程，并自愿进行服务流程的完善。

三、考核评分

完成任务后，由质量监督员和教师分别进行任务评价，并填写表 3-3。

表 3-3　任务评价表

项　　目	评 分 点	配 分	质量监督员评分	教师评分	备 注
理论知识掌握	电池原理	5			
	动力电池包的结构	2			
	BMS 的功能	3			
	故障诊断理论	10			
实操技能	诊断工具、维修工具的熟练使用及维护	10			
	动力电池包安全拆装、电池单体检测与更换、BMS 调试与软件更新	10			
数据分析能力	对故障诊断过程、修复步骤、使用的工具及材料的详细记录与分析能力	10			
故障诊断与处理	根据故障现象准确判断发生故障的位置，合理使用诊断设备	20			
职业素养	小组成员间沟通顺畅	3			
	小组有决策计划	5			
	小组内部各岗位分工明确	2			

续表

项　目	评　分　点	配　分	质量监督员评分	教　师　评　分	备　注
职业素养	操作完成后，工位上无垃圾	5			
	职业操守好，完工后工具和配件摆放整齐	5			
安全事项	在安装过程中，无损坏元器件及人身伤害现象	5			
	在通电调试过程中，无短路现象	5			
	评分合计				

实训工单三　新能源汽车动力电池包检修

一、接受任务

以下是一个示例性的实训工单，用于指导技术人员安全、有效地更换电池模组汇流铜排和进行动力电池包整包拆装。

二、制订计划

根据前面所了解的知识和在小组内部讨论的结果制定工作方案，指定负责人，落实各项工作，如任务实施前的准备工作、实施过程中的主要操作及协助支持工作、实施过程中相关要点和数据的记录工作等，工作计划表如表 3-4 所示。

表 3-4　工作计划表

步　骤	工　作　内　容	负　责　人
1		
2		
3		
4		
5		

根据计划完成学生任务分配，如表 3-5 所示。

表 3-5　学生任务分配表

班级		组号		指导教师	
组长		学号			
组员分配					
信息员			学号		
操作员			学号		
记录员			学号		
安全员			学号		
任务分工					

三、任务实施

（一）电池模组汇流铜排更换

项目名称	电池模组汇流铜排更换				
派工岗位		施工地点		施工时间	
学生姓名		班级		学号	
班组名称		同组成员			
实训目标	1．掌握电池模组汇流铜排的结构、功能及故障识别方法。 2．学习并熟练进行汇流铜排的拆卸、新汇流铜排的安装与连接。 3．理解在更换过程中的安全预防措施。 4．通过实训提升学员对新能源汽车电池系统的维护技能。				

一、实训设备与材料

1．发生故障的电池模组。

2．替换用的汇流铜排。

3．绝缘工具套装（扳手、螺钉旋具等）。

4．电池断路器或熔断器。

5．万用表。

6．清洁剂和抹布。

7．安全防护装备（绝缘手套、防护眼镜、防护服）。

8．焊接设备（如果需要）。

二、实训步骤

1．安全准备

穿戴个人防护装备，准备必要的安全工具。

2．电池模组断电

使用电池断路器切断电池模组的电源。

3．故障诊断

使用万用表检查汇流铜排的导通性和电阻，确认故障。

4．旧汇流铜排移除

拆除与发生故障的汇流铜排相关的所有连接，记录连接方式。小心地移除旧汇流铜排，注意不要损伤电池模组。

5．清洁工作

清洁接触面，去除灰尘和腐蚀物，确保新汇流铜排连接牢固。

6．新汇流铜排安装

按照原有布局安装新汇流铜排。如果需要焊接，则使用焊接设备小心地进行焊接。

7．连接恢复

按照记录的连接方式，恢复所有连接。

8．设备清理

测试结束后，关闭所有设备，清理测试区域。

三、安全注意事项

1．在操作前，确保所有设备接地良好。

2．遵守安全规程，注意通风和防火。

3．在电池测试期间，不允许离开测试区域。

四、结果讨论
1. 检查与测试：使用万用表检查新汇流铜排的导通性，确保没有开路或短路；进行小电流测试，确认连接无误。
2. 功能验证：重新将电池模组连接到系统中，并进行功能验证。
3. 数据记录：记录更换过程中的所有重要数据，包括更换部件的型号、更换日期、测试结果等。
五、遇到的问题及解决措施
遇到的问题：   解决措施：

续表

六、收获与反思	
我的收获：	
我的反思：	
七、综合评分	

（二）动力电池包整包拆装

项目名称	动力电池包整包拆装				
派工岗位		施工地点		施工时间	
学生姓名		班级		学号	
班组名称		同组成员			
实训目标	1. 熟练掌握动力电池包整包拆装步骤与操作规程。 2. 了解动力电池包的结构、功能及安全注意事项。 3. 提升学员对新能源汽车电池系统的维护技能。				

一、实训设备与材料

1. 新能源汽车（含待拆装动力电池包）。
2. 动力电池包拆装专用工具（如扳手、螺钉旋具、电烙铁、热缩管等）。
3. BMS 诊断设备。
4. 安全防护装备（防护眼镜、防护服、防静电手环等）。

二、实训步骤

1. 前期准备
（1）安全教育：讲解实训过程中的安全注意事项，强调防触电、防火、防静电等措施。
（2）车辆断电与接地：按照操作规程，断开车辆电源，确保动力电池包充分放电并接地。
（3）工具检查：确保所需工具齐全、完好，以及绝缘防护工具有效。
2. 动力电池包拆卸
（1）外部附件拆除：拆除动力电池包周边的线束、支架、冷却系统管道等附件。
（2）固定装置解除：使用专用工具，依次解除动力电池包与车身的固定装置（如螺栓、卡扣等）。
（3）动力电池包移除：小心翼翼地移除动力电池包，避免损伤车身及内部线路。
3. 动力电池包安装
（1）新动力电池包检查：核实新动力电池包的型号、规格确保与原动力电池包一致，无损伤、变形。
（2）定位与固定：将新动力电池包按照原位正确放置，确保与车身、线束、冷却系统等相应位置对齐。
（3）连接与紧固：使用专用工具，按照扭矩要求紧固动力电池包与车身、线束、冷却系统的连接。
（4）附件恢复：重新安装拆除的线束、支架、冷却系统管道等附件。
4. 系统复原与检测
（1）系统复原：恢复车辆电源，按照操作规程进行充电、放电测试。
（2）功能验证：利用 BMS 进行诊断，检查动力电池包各项参数是否正常，进行充/放电性能测试。
（3）安全检查：检查所有电气连接，确保无松动、裸露，绝缘防护到位。

三、安全注意事项
1．在实训过程中务必佩戴安全防护装备，遵守实验室安全规定。 2．避免电池短路，严格遵守操作规程，确保动力电池包在拆装前充分放电并可靠接地。 3．使用专用工具进行拆装，避免损坏动力电池包及附件；严格控制扭力，防止过紧或过松。 4．在拆装过程中如果发现异常情况（如破损、腐蚀、松动等），则应及时进行记录并上报。
四、评估标准
1．能详细记录拆装、检测等环节的操作步骤、相关数据及检测结果。   2．能准确记录并分析测试数据，评估电池的性能。   3．遵守安全规定，无安全事故发生。
五、遇到的问题及解决措施
遇到的问题：   解决措施：

续表

六、收获与反思	
我的收获： 我的反思：	
七、综合评分	

四、评价反馈

（1）各小组代表展示 PPT，介绍任务的完成过程。

（2）以小组为单位，对各小组的操作过程与操作结果进行自评和互评，并将评价结果填入表 3-6 中的小组评价部分。

（3）教师对学生的工作过程与工作结果进行评价，并将评价结果填入表 3-6 中的教师评价部分。

表 3-6　实训评价表

班级			组号		姓名		学号	
实训任务								
评价项目			评价标准				分值	得分
小组评价	计划决策		制定的工作方案合理可行，小组成员分工明确				10	
	任务实施		能够正确检查并设立实训工位				5	
			能够准备和规范使用工具与设备				5	
			能够正确拆卸动力电池包				20	
			能够正确安装动力电池包				20	
			能够规范填写实训工单				10	
	任务达成		能按照工作方案进行操作，按计划完成工作任务				10	
	工作态度		认真严谨，积极主动，安全生产，文明施工				10	
	团队合作		小组成员积极配合，主动交流，协调工作				5	
	6S 管理		完成竣工检验，现场恢复				5	
	小计						100	
教师评价	实训纪律		不出现无故迟到、早退、旷课现象，不违反课堂纪律				10	
	方案实施		严格按照工作方案完成任务				20	
	团队协作		任务实施过程互相配合，协作度高				20	
	工作质量		能准确完成动力电池包整包拆装的任务				20	
	工作规范		操作规范，三不落地，无意外事故发生				10	
	汇报展示		能准确表达，总结到位，改进措施可行				20	
	小计						100	
综合得分			小组评价得分×50%+教师评价得分×50%					

项目四　新能源汽车 BMS 检修

◎　**知识目标**　◎

1. 掌握 BMS 的结构组成、类型和工作原理。
2. 掌握 BMS 监测、SOC 分析、能量管理控制和信息管理原理的相关内容。
3. 掌握动力电池性能检测和 BMS 故障诊断与排除方法。

◎　**能力目标**　◎

1. 能正确认识 BMS 各组成部件。
2. 能正确进行动力电池性能检测。
3. 能正确进行 BMS 故障诊断与排除。

◎　**素质目标**　◎

1. 严格按规范执行高压下的电操作。
2. 养成总结训练成果的习惯，培养团队协作精神。
3. 明确检修工作的重要性，任何小的疏忽都可能导致严重的后果，形成注重细节和追求卓越的工作态度。

—·—·—·—·————//////////　**项目导入**　\\\\\\\\\\————·—·—·—·—

　　新能源汽车 BMS 是动力电池总成的核心，负责对动力电池进行监测、安全保护和运行管理，确保汽车安全行驶，提高动力电池的性能与使用寿命。BMS 检修是新能源汽车售后服务的典型工作任务，本项目主要学习 BMS 常见故障的诊断与排除，在需要跨学科的团队合作中，培养学生的协作精神和集体主义观念，培养学生追求卓越、精益求精的工匠精神。

　　本项目引导学生树立终身学习的理念，使其不断提升自己的专业技能和综合素质，以适应不断变化发展的行业需求。

—·—·——·——·—//////////// 相关知识 \\\\\\\\\\\\—·—·——·——·—

任务一　检修高压互锁故障

动力电池高压互锁故障

◎ 任务引入 ◎

在新能源汽车中，高压互锁（High Voltage Interlock，HVI）系统是为了确保在维修或发生事故时，高压电源能够被安全地切断，以保护维修人员和乘客的安全。高压互锁系统出现故障可能会导致高压电源无法正常切断，带来安全隐患。因此，检修高压互锁故障是非常重要的任务。

◎ 任务目标 ◎

1. 了解高压互锁的定义和作用。
2. 掌握高压互锁系统的结构及工作原理。
3. 具备正确使用汽车故障诊断仪及读取故障代码的能力。
4. 通过任务的实施，培养学生的责任心，使其耐心和细心地对待工作，树立良好的职业形象。

◎ 知识链接 ◎

引导问题 1：
请查阅相关资料，简述汽车故障诊断仪的主要功能。

一、高压互锁的结构及作用

根据 GB 18384—2020 标准，如果直流电压超过 60V 或者交流电压超过 30V，则系统会被定义为高压系统。高压标准如图 4-1 所示。

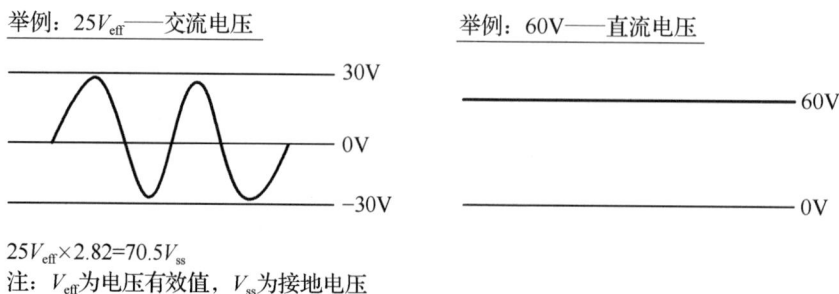

举例：$25V_{eff}$——交流电压　　　　　举例：60V——直流电压

30V
0V
-30V

60V
0V

$25V_{eff} \times 2.82 = 70.5V_{ss}$
注：V_{eff} 为电压有效值，V_{ss} 为接地电压

图 4-1　高压标准

依照 ISO 6469-1：2021 的规定，所有类型的电动汽车（纯电动汽车和插电式混合动力汽车等）的高压部件及其插接件必须配备高压互锁装置，以确保汽车在各种运行条件下的安全。

（一）高压互锁的结构

高压互锁的结构如图 4-2 所示，也称危险电压互锁回路，是指通过低压信号来检查电动汽车上所有与高压母线相连的各分路，包括互锁继电器、互锁开关、互锁线圈、互锁回路，以及相关的控制单元。

图 4-2　高压互锁的结构

1. 互锁继电器

互锁继电器是高压互锁系统的核心部件，用于控制高压电路的通断。

2. 互锁开关

互锁开关通常集成在车辆的主接触器中，用于监测高压系统的状态，并向车辆控制系统发送信号。

3. 互锁线圈

互锁线圈一般安装在高压电气回路的关键节点上，当检测到互锁信号中断时，会触发互锁机制，断开高压电源。

4. 互锁回路

互锁回路系统是一种专门的监控电路，其主要功能是持续监测高压系统的完整性和安全性。一旦系统检测到任何异常情况，如线路断开、连接不良或其他潜在的电气故障，互锁回路将立即启动保护措施，迅速切断高压电源，以防潜在的电气伤害。

根据国际标准化组织（ISO）发布的 ISO 6469-3：2021，所有电动汽车上的高压部件都必须配备高压互锁装置。这一规定旨在确保当动力系统的高压回路连接断开或完整性受到任何形式的破坏时，能够迅速启动安全措施，如发出警报信号或自动断开高压回路，从而有效保护人员免受电气伤害。

互锁回路系统的优势在于其设计紧凑、体积小，这使得它能够在有限的空间内高效运行，同时满足电动汽车对安全性和可靠性的严格要求。通过持续监测和快速响应，互锁回路系统为电动汽车的高压系统提供了全面的安全保障。

（二）高压互锁的作用

高压互锁的功能是以 12V 低压系统中较小的电流来验证整个高压电气系统的完整性。在整车的所有高压部件中，每个高压插接件都必须正确连接，确保没有发生短路或断路的现象。

当整车在运行过程中高压电气系统回路断开或者完整性受到破坏时，需要启动安全防护。防止带电插拔高压插接件给高压端子造成拉弧损坏，甚至造成人身伤害。

高压互锁可以分为三类：结构互锁、功能互锁和软件互锁。

（1）结构互锁涉及将各个高压部件的高压插接件通过高压互锁线束串联起来，只有所有的高压插接件都正确安装，整个高压电气系统才会保持完整，确保系统的安全运行。

（2）功能互锁遵循充电优先的原则。在对汽车插入充电枪进行充电的过程中，车辆无法启动和行驶，但仍可使用空调系统，如制冷或制热功能。

（3）软件互锁是比亚迪汽车独有的技术。如果高压插接件后面的母线电压低于电池总电压的一半，则软件互锁将会启动，判定为故障。涉及软件互锁的高压部件包括动力电池、PTC加热器和空调压缩机。目前市场上的一些车型，如e2和汉EV，就采用了软件互锁技术。

二、高压互锁的工作原理

高压互锁系统利用一个连续的低压电路来监视电动汽车内所有高压互锁连接器和部件的状态。如果这个低压高压互锁信号基于某种原因中断，则表明系统可能存在故障，需要检修。

一旦高压互锁回路检测到故障，就会触发相应的故障代码，并在车辆的控制面板上发出警报，提示驾驶者车辆的高压互锁系统存在问题，需要尽快进行维修。

故障代码不仅警示了驾驶员，而且为维修人员提供了关于故障的重要信息，可以帮助维修人员迅速识别问题，并采取必要的安全措施进行维修。

由于高压插头的高压电源正负极端子和中间互锁端子的物理长度不一样，因此连接高压插头时，高压插头的电源正负极端子先于中间互锁端子连接好；断开高压插头时，高压插头的中间互锁端子先于电源正负极端子脱开，如图4-3所示。

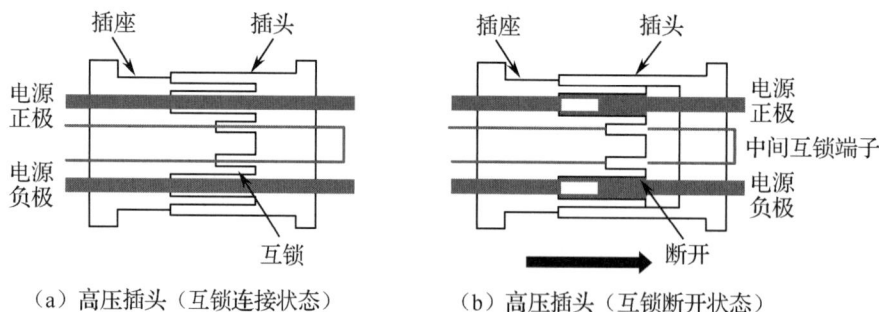

（a）高压插头（互锁连接状态）　　（b）高压插头（互锁断开状态）

图4-3　高压互锁工作原理

引导问题2：

请查阅相关资料，写出高压互锁在实车中有哪些常见的应用类型。

三、高压互锁在实车中常见的应用类型

以比亚迪e5纯电动汽车为例，对于高压互锁连接器来说，一般实现方式是在对插的一对插座和插头上，分别固定一对高压插接件和一对低压插接件。

（一）动力电池上的高压互锁装置

动力电池高压输出端（插座）如图 4-4 所示，动力电池高压导线（插头）如图 4-5 所示。

图 4-4　动力电池高压输出端（插座）　　　图 4-5　动力电池高压导线（插头）

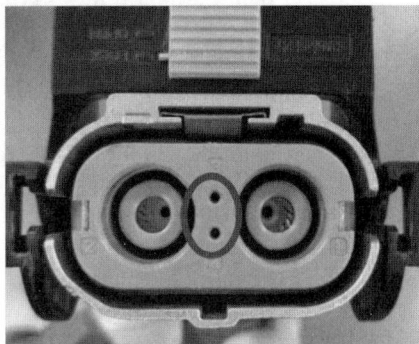

（二）高压电控总成上的高压互锁装置

四合一高压输入端（插座）如图 4-6 所示，四合一高压导线（插头）如图 4-7 所示。

图 4-6　四合一高压输入端（插座）

图 4-7　四合一高压导线（插头）

四、高压互锁故障排除方法

（一）常见的高压互锁故障

打开启动开关，仪表盘显示剩余电量，车速表和功率表点亮，但蓄电池充电故障警告灯和系统故障警告灯点亮，READY 灯不亮，如图 4-8 所示。在这种情况下，不能挂 D 挡、R

挡；空调不能制热，电动真空泵不工作，无法充电。

图 4-8　出现高压互锁故障时的仪表盘显示

（二）产生高压互锁故障的原因

产生高压互锁故障的原因有以下几个，具体如图 4-9 所示。

（1）维修开关松动。

（2）各高压部件的插接件松动。

（3）互锁回路断路或对地短路。

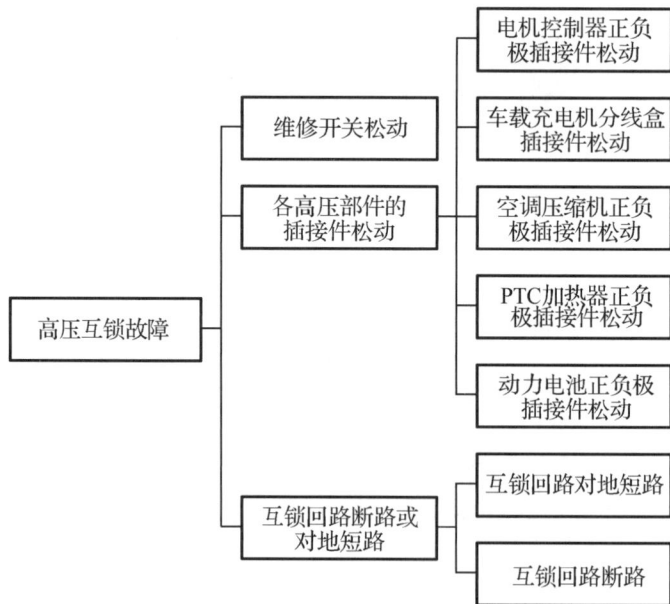

图 4-9　产生高压互锁故障的原因

（三）故障诊断流程

（1）在初步检查过程中，可以通过仪表盘和中央控制单元读取并记录故障提示信息；对车辆进行目视检查，检查是否有碰撞、裂痕、部件损坏、插接件松动或损坏等情况。对车辆

快速进行初步检查后，结合故障提示信息和车辆检查结果，记录故障现象。

（2）进行检修时，用万用表欧姆挡分别检测维修开关的互锁回路、动力电池与车载充电机高压之间的直流母线（动力电池侧）的互锁回路（线束侧）和 UVW 高压插接件的互锁回路（线束侧），确认互锁回路的电阻小于 1Ω，如果大于 1Ω，则更换相关部件。

（3）对高压部件及相关部件进行检修时，要将电源开关置于 OFF 挡，将车钥匙放入专用盒内并上锁，断开电池负极，用绝缘胶布包好负极桩头和负极电缆接头，拆下维修开关，静置车辆 3min 以上，完成验电（确保高压部件没有残余电荷），只有确保安全之后，才可对高压部件进行检修。

（4）注意，涉及高压系统时，原则上不能带电操作，如果需要检查高压系统，则一定要穿戴好个人防护用具，按规范进行检查。

（四）诊断步骤

1. 故障代码说明

故障代码说明如表 4-1 所示。

表 4-1　故障代码说明

故　障　代　码	说　　　　明
P1C4096	高压互锁故障
P1C5014	智能处理单元（IPU）执行关闭命令超时
P1C5363	准备充电过程中高压互锁检测超时
P1C5463	准备充电过程中接触器吸合请求超时
P1C4A15	车辆控制单元（VCU）检测高压互锁超时（上/下电时）
P1C4B62	BMS 执行接触器吸合命令超时（上/下电时）
P1C4C04	BMS 执行预充超时及高压未吸合（上/下电时）
P1C4E62	上/下电过程中高压接触器断开

2. 检查步骤

（1）检查 BMS 高压互锁故障。

① 操作启动开关至 OFF 状态。

② 检查动力电池正负极插接件是否松动，以及互锁回路是否断路。若是，则修理或更换线束。

（2）检查 VCU 高压互锁故障。

① 操作启动开关至 OFF 状态。

② 检查电机控制器正负极插接件是否松动，以及互锁回路是否断路。

③ 检查车载充电机分线盒正负极插接件是否松动。若是，则修理或更换线束。

（3）检查车载充电机高压互锁故障。

① 操作启动开关至 OFF 状态。

② 检查车载充电机正负极插接件是否松动，以及互锁回路是否断路。若是，则修理或更换线束。

（4）检查 PTC 加热器高压互锁故障。

① 操作启动开关至 OFF 状态。

② 检查 PTC 加热器正负极插接件是否松动，以及互锁回路是否断路。若是，则修理或更换线束。

（5）检查空调压缩机高压互锁故障。

① 操作启动开关至 OFF 状态。

② 检查空调压缩机正负极插接件是否松动，以及互锁回路是否断路。若是，则修理或更换线束。

（6）更换互锁开关。

① 操作启动开关至 OFF 状态。

② 断开电池负极电缆。

③ 更换互锁开关。

④ 确认故障排除。

任务二　检修接触器故障

◎ **任务引入** ◎

随着新能源汽车的广泛应用，接触器作为 BMS 中控制高压电路通断的关键设备，其性能与状态直接影响车辆的安全运行、充电效率与电池寿命。然而，接触器在长期使用过程中，可能因磨损、污染、老化、电磁干扰等而出现接触不良、粘连、误动作等故障，严重影响车辆的正常使用。因此，对出现故障的接触器进行及时、准确的检修，是确保汽车安全、稳定运行，延长电池使用寿命，提升用户满意度的重要任务。

◎ **任务目标** ◎

1. 了解接触器的定义。

2. 掌握接触器的工作原理与其在电路中的作用。

3. 具备判断接触器故障点的能力。

4. 在实训中遵守规章制度，培养精益求精、追求卓越的工匠精神。

◎ **知识链接** ◎

引导问题 1：

请查阅相关资料，写出接触器的定义、分类与应用范围。

一、接触器的定义

接触器是一种在电力系统或大型电气设备中，用来远程频繁地接通和断开带有负载的电路的电气开关。它主要在大电流或高电压场合中使用，利用小电流来控制大电流吸合或断开接触点，以控制电机、变压器、大型照明系统等电力负载的启动、停止和切换。

接触器根据使用场景的不同分为交流接触器（交流电压）和直流接触器（直流电压），分别如图 4-10 和图 4-11 所示。

引导问题 2：

请查阅相关资料，写出接触器的工作原理。

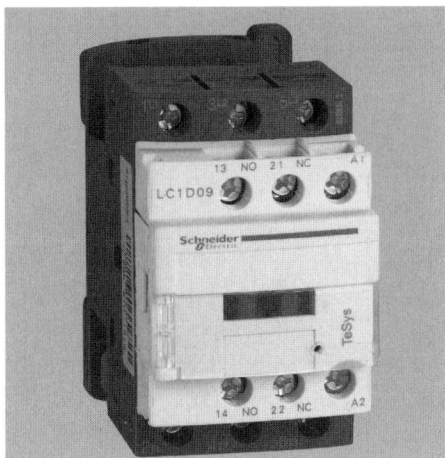

图 4-10　交流接触器　　　　　　　　图 4-11　直流接触器

二、接触器的工作原理

接触器主要由电磁机构、触头系统和灭弧装置组成，是一种自动化的开关设备，主要用于在高电压和大电流环境下远程控制电路的接通和断开。图 4-12 所示为接触器的工作原理。

1. 电磁原理

电磁系统包括电磁线圈（线包）、静铁芯（固定部分）和动铁芯（活动部分，又称衔铁）。接触器的核心是一个电磁线圈，当电磁线圈通电时，产生磁场，这个磁场吸引动铁芯，使机械触点闭合。

2. 触点结构

接触器是一种常见的电气开关设备，通常包括常开触点（NO，Normally Open）和常闭触点（NC，Normally Closed）。常开触点在接触器未通电时处于断开状态，通电后动铁芯带动触点动作，常开触点闭合；常闭触点在接触器未通电时闭合，通电后断开。

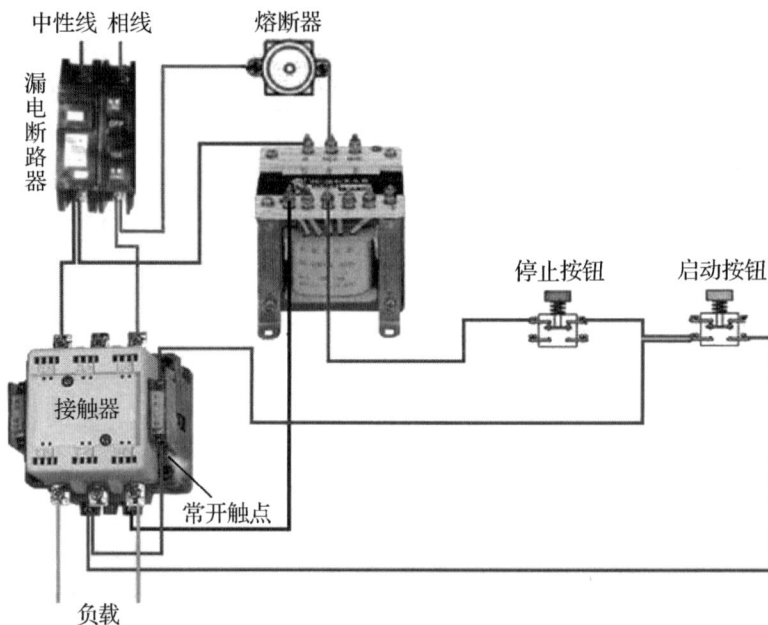

图 4-12　接触器的工作原理

3．主触点闭合

电磁线圈得电后，磁场吸引动铁芯，使主触点闭合，接通电路，允许电流流过接触器。

4．电路连接

主触点闭合后，可以连接或断开电机、变压器或其他高功率负载。

5．过载保护

接触器常与热继电器等过载保护设备配合使用，以防电路因过载而损坏。

6．断开电路

控制电路中的信号断开后，电磁线圈失去电流，磁场消失，在弹簧作用下动铁芯被拉回，主触点断开，电路因此断开。

综上所述，接触器通过电磁线圈通电产生磁场，驱动动铁芯运动，进而改变主触点的通断状态，实现电路的远程控制和保护。接触器广泛应用于电力系统、工业自动化、家电控制等领域，具有电机启停、负载切换、过载保护等功能。

三、接触器在电路中的作用

在电路中使用接触器的目的是用小电流来控制大电流负载，可以远距离控制，也可以自锁和互锁，防止误触动作造成事故。

1．远程控制

接触器可通过低压控制回路［如按钮、继电器、可编程逻辑控制（PLC）等］的小电流来控制高压主电路的大电流，实现远距离、安全、便捷地接通或断开电路。允许操作者在远离负载的地方远程接通或断开电路。这对于操作者而言，避免了直接操作高压设备带来的风险。

2. 频繁操作

接触器触点结构设计坚固耐用，适用于需要频繁接通和断开的电路，如电机的启停、电热设备的通断等。相比于手动开关，接触器能在不影响其使用寿命的情况下承受更高的操作频率。

3. 过载保护

部分接触器会内置或外接热继电器、电子保护模块等，能使电路在过载时自动断开，防止设备过热、烧毁，提供初级的电气保护功能。故障排除、过载情况解除后，可手动或自动复位接触器，恢复电路的正常工作。

4. 多路控制

接触器通常有多对主触点（常开触点和常闭触点），可以同时控制多条独立电路，实现对多个负载的同时控制或互锁保护功能，增加了电路控制的灵活性和安全性。

5. 电气隔离

接触器的电磁线圈与主触点之间有良好的电气隔离，即使控制回路出现故障，也不会直接影响主电路的正常工作，增强了系统的稳定性和可靠性。

6. 配合其他保护设备

接触器经常与熔断器、断路器、热继电器等保护设备配合使用，形成完善的电气保护系统。例如，接触器可与热继电器配合，实现电机的过载、缺相保护；与断路器配合，实现短路保护等。

7. 节能与自动化控制

在现代工业自动化系统中，接触器可以结合 PLC、变频器等设备，参与复杂的逻辑控制和节能策略，如电机的软启动、变频调速、负载分配等，实现高效、智能的能源管理和设备控制功能。

总之，接触器在电路中具有电路通断控制、过载保护、远程操作、电气隔离等作用，是电力系统、工业自动化、建筑电气等领域不可或缺的控制器件。

任务三　检修电流传感器故障

◎　任务引入　◎

随着新能源汽车、工业自动化、电力系统等领域对电流检测精度、可靠性的要求不断提高，电流传感器作为关键的检测器件，其性能与状态直接影响系统的运行效率、安全性和故障诊断准确性。然而，电流传感器在长期使用过程中，可能因环境条件、电磁干扰、元器件老化、机械损伤等出现测量误差、信号失真、通信故障等问题，影响系统的正常运行。

◎ **任务目标** ◎

1. 了解电流传感器的定义与作用。
2. 掌握电流传感器的结构、分类与工作原理。
3. 掌握直流漏电流传感器的作用。
4. 通过任务的实施，使学生认识质疑的重要性。

◎ **知识链接** ◎

引导问题1：
请查阅相关资料，简述电流传感器的作用。
引导问题2：
请查阅相关资料，简述新能源汽车常用哪几种电流传感器。

一、电流传感器的定义与作用

电流传感器（见图4-13）是一种能够将被测电流转换为易于测量和处理的电信号（电压、频率、数字信号等）的电子装置，主要用于实时监测、精确计量、控制与保护电力系统、电气设备、工业自动化系统中各类电流的大小和流向。

（一）电流传感器的定义

电流传感器也称电流互感器、电流探头、电流检测器等，是一种专门用于检测和测量电流的设备。它通常基于电磁感应、霍尔效应、磁阻效应、光纤传感等原理，将被测电路中的交流或直流电流

图4-13　电流传感器

转变为与之成比例的输出信号，如电压、电流、频率、数字信号等，以便于进一步进行分析、处理、显示或控制。依据测量原理的不同，电流传感器主要可分为分流器、电磁式电流互感器和电子式电流互感器。新能源汽车常用的电流传感器是分流器和电磁式电流互感器。

（二）电流传感器的作用

电流传感器在电力系统、工业自动化、新能源汽车、智能建筑、消费电子产品等多个领域发挥着重要作用，其具体作用如下。

1. 实时监测

电流传感器可以实时监测电路中的电流变化，提供电流的实时值、瞬时值、有效值、峰值等信息，为系统监控、故障诊断、能源管理等提供数据支持。

2. 精确计量

在电力计量、电能质量分析、电费结算等场景中，电流传感器用于精确测量电流，确保计量的准确性。

3. 过流保护

当电流超过事先设定的安全阈值时，系统会自动触发保护机制，如启动断路器或接触器，以此来防止设备遭受损坏或避免安全事故的发生。这一机制旨在确保电流在安全范围内流动，从而保障电气系统的稳定运行和设备的安全性。

4. 故障诊断

通过监测电流波形、频率、相位等信息，电流传感器可以帮助识别电路中的短路、接地故障、谐波畸变、三相不平衡等问题，为故障定位和修复提供依据。

5. 控制与优化

在电机驱动、变频器、电源管理系统等应用中，电流传感器的反馈信号用于闭环控制，实现电机转矩控制、功率因数校正、负载均衡、节能运行等功能。

6. 安全监控

在 BMS、充电桩、储能系统等应用中，电流传感器用于监测电池的充/放电电流，确保电池安全、高效地运行，防止电池过充、过放等。

二、分流器

分流器（见图 4-14）是根据直流电流通过电阻时，电阻两端产生电压的原理制作而成的。它实际上是一个阻值非常小的电阻，要求精度高，且具有低温度系数特性，精度不易受温度的影响。

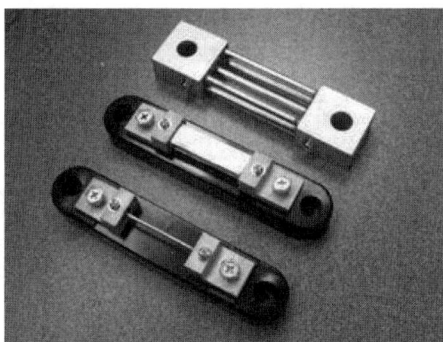

图 4-14　分流器

分流器电流检测方法如图 4-15 所示，在动力电池组工作回路中串联一个分流器，当电流流过分流器时，会在分流器两端形成电压差，电流越大，电压差越大；由于分流器的电阻值通常很小，因此产生的电压降也很小。

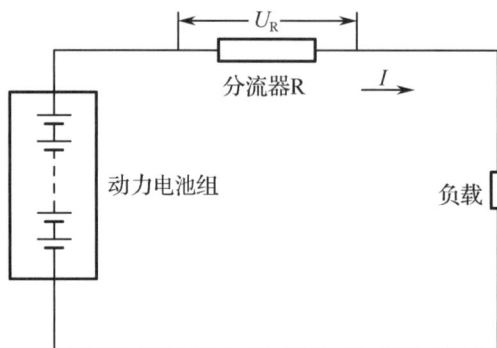

图 4-15 分流器电流检测方法

这个电压降可以通过连接到分流器两端的电压测量设备（如万用表、示波器或专用的电流测量设备）来测量。

根据欧姆定律（$U = IR$），通过测量电压（U）及知道分流器的电阻（R），可以计算出流过电路的电流（I）。

选择分流器时应根据最大预期电流选择合适的电阻，以产生足够的电压降进行测量，但又不至于造成过大的功耗。

引导问题 3：

请查阅相关资料，简述霍尔电流传感器的特点及其应用范围。

三、霍尔电流传感器

霍尔电流传感器（见图 4-16）是一种用于测量电流的装置，其工作原理基于霍尔效应，可以测量各种类型的电流，从直流电流到几十千赫兹的交流电流。霍尔效应是指当电流通过一个导体时，在导体的横向施加一个磁场，此时会在导体的纵向产生一个电动势（霍尔电压），其大小与通过导体的电流和施加的磁场强度成正比。

图 4-16 霍尔电流传感器

霍尔电流传感器可用于交流电流和直流电流的测量，通常用于电力电子设备、电机控制、能源管理系统、电力质量监测，以及各种工业自动化和控制系统中。

图 4-17 所示为用于检测电动汽车电流的霍尔电流传感器。霍尔电流传感器通过电磁感应得到的电压信号通常较小，只有几毫伏，因此在将电压信号输入 A/D 转换器之前，需要用放大电路来对电压信号进行放大，目前大部分霍尔电流传感器已将放大电路集成到其内部，霍尔电流传感器输出的电压信号可直接被利用。

图 4-17　用于检测电动汽车电流的霍尔电流传感器

霍尔电流传感器包括开环式霍尔电流传感器和闭环式霍尔电流传感器两种。

（一）开环式霍尔电流传感器的工作原理

开环式霍尔电流传感器（也称无源霍尔电流传感器）的工作原理基于霍尔效应。其基本结构包含一个霍尔元件和一个磁铁。当被测电流通过一个线圈时，该线圈会产生一个磁场，这个磁场作用于霍尔元件，使其产生一个霍尔电压。霍尔电压的大小与被测电流成正比。

图 4-18 所示为开环式霍尔电流传感器，包括磁芯、霍尔元件和运算放大器。当原边电流 I_P 流过一根长导线时，导线周围将产生一个磁场，此磁场的大小与流过导线的电流成正比，产生的磁场聚集在磁环内，通过磁环气隙中的霍尔元件进行测量并放大输出，其输出电压 U_s 能精确地反映原边电流 I_P 的大小。一般将开环式霍尔电流传感器的额定输出标定为 4V。

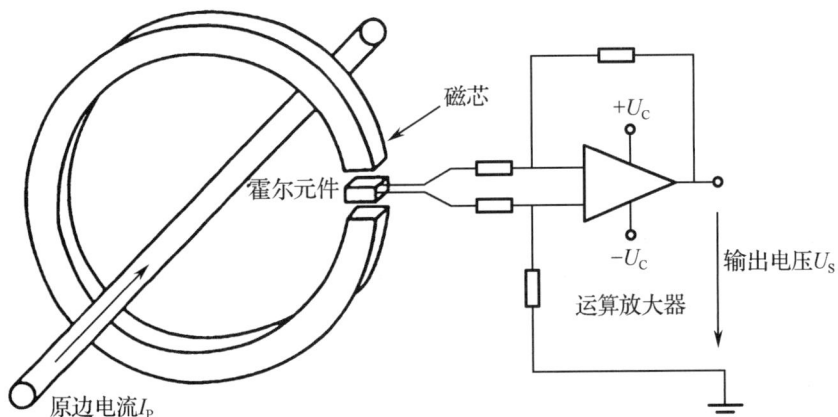

图 4-18　开环式霍尔电流传感器

（二）闭环式霍尔电流传感器的工作原理

高精度的霍尔电流传感器大多属于闭环式，闭环式霍尔电流传感器基于磁平衡式霍尔原

理，如图 4-19 所示。磁芯上绕有一个副边补偿线圈，当主回路有电流 I_P 通过时，在导线上产生的磁场被磁芯聚集并感应到霍尔元件上，所产生的霍尔信号经过放大，用于驱动功率管并使副边补偿线圈导通，从而获得一个补偿电流 I_s。补偿电流 I_s 通过副边补偿线圈绕组产生磁场，该磁场与被测电流 I_P 产生的磁场方向正好相反，因而使霍尔元件的输出信号逐渐减小。当 I_P 与副边补偿线圈所产生的磁场强度相等时，I_s 不再增加，霍尔元件磁平衡。通过检测 I_s 即可测量出原边电流 I_P。当 I_P 变化时，平衡受到破坏，霍尔元件有信号输出，即重复上述过程重新达到平衡，从磁场失衡到再次平衡，所需的时间理论上不到 1μs。

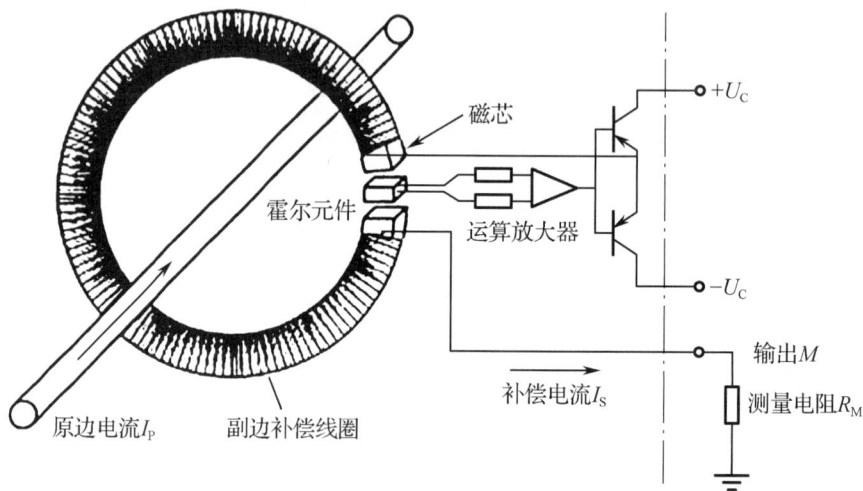

图 4-19　闭环式霍尔电流传感器

四、直流漏电流传感器

图 4-20　直流漏电流传感器

直流漏电流传感器（Direct Current Leakage Sensor）是一种专门用于检测直流系统中漏电流的传感器（见图 4-20）。它能及时发现并监测潜在的绝缘缺陷、接地故障或其他可能导致电流泄漏的问题，以保障系统的安全运行和人的生命安全。漏电流指的是流经电气设备绝缘部分的电流，它的存在可能表明设备出现故障或绝缘性能下降。在直流系统中，由于没有交流电流的周期性变化，漏电流可能会持续不断地流过绝缘缺陷，因此对其进行监测尤为重要。

直流漏电流传感器的应用场合相当广泛，包括但不限于以下几个场合。

1. 电力系统

直流漏电流传感器在电力系统中用于监测变压器、电缆、断路器等高压电气设备的绝缘状态。

2．工业控制系统

直流漏电流传感器在自动化生产线、电机驱动系统中用于监测漏电流，确保系统安全运行。

3．电动汽车

直流漏电流传感器在电动汽车 BMS 中用于监测电池组的绝缘性能，保障充电和放电过程的安全。

4．太阳能和风能系统

直流漏电流传感器在太阳能和风能系统中用于监测光伏电池板和风力发电机的直流漏电流，确保能量转换效率。

直流漏电流传感器的选择和使用应符合相关的国家安全标准，确保电气设备和人的安全，在选择直流漏电流传感器时，需要考虑其量程、精度、响应时间和与系统的兼容性等。例如，安科瑞电气股份有限公司的 AHLC-EB 系列直流漏电流传感器，这类传感器能够高精度地检测微小的漏电流，并且量程大，可以满足不同直流系统的需求。

任务四　检修信息采集模板故障

◎ **任务引入** ◎

随着信息技术在各行各业的深入应用，信息采集模板作为数据采集、传输、存储、处理等环节的基础工具，其性能与状态直接影响数据的准确度、完整性、可用性，以及系统的正常运行。然而，信息采集模板在长期使用过程中，可能会因硬件故障、软件缺陷、配置错误、网络问题、数据冲突等出现数据丢失、延迟、错误、中断等问题，严重影响业务流程的顺畅进行和决策的科学性。

◎ **任务目标** ◎

1．了解电池信息采集器的功能。
2．掌握电池组信息采集模板故障的处理方法。
3．具备根据故障诊断仪确认故障原因的能力。
4．了解信息采集模板可能出现的各类故障，培养专业技能，提升职业素养。

◎ **知识链接** ◎

引导问题 1：
请查阅相关资料，简述电池信息采集器的功能与作用。

一、电池信息采集器

电池信息采集器（BIC）是一种用于监测和记录电池性能参数的设备。它可以采集电池的电压、电流、温度、容量、充电状态等数据，并可以通过接口将这些数据传输给其他设备或系统进行存储和分析。电池信息采集器通常应用于 BMS 中，特别是电动汽车、不间断电源（UPS）、电信基站等关键设备中，以确保电池的可靠性和安全性。

（一）电池信息采集管理系统结构

电池信息采集管理系统由电池信息采集器、电池管理控制器等组成，比亚迪 e5 使用电池信息采集器监控电池组传感器测量的数据和电池性能。通常情况下，电池信息采集器先将数据报告给 BMS，然后 BMS 根据工作条件和驾驶员的需求，命令电池进行相应的充电或放电。

（二）电池信息采集器的功能

电池信息采集器的主要功能有电池电压采样、温度采样、电池均衡、采样线异常检测等。如果电池单体、电池模组或部分电路的电压不平衡，部分具有充电系统的电动汽车还可以通过电池信息采集器来均衡电池的电压。

1. 温度采集功能

电池信息采集器的温度采集功能主要用于监测电池的温度。电池在充/放电过程中会产生热量，如果电池温度过高，则可能会对电池的性能和安全性产生负面影响。因此，监测电池的温度是 BMS 的一个重要环节。

安装在电池模组上的热敏温度传感器会采集电池模组部分区域的温度，并通过柔性 PCB 采集线输送给电池信息采集器。电池信息采集器根据热敏温度传感器的阻值判断当前电池模组的温度，通过电池子网与电池管理器进行通信，控制电池模组的温度保持在合理的范围内。

温度采集功能的实现通常基于热敏电阻、电阻式温度探测器或集成电路温度传感器。它们可以将温度变化转换为电阻或电压信号的变化，电池信息采集器再对这些信息进行处理，转换成温度读数。

在车辆行驶或充电时，BMS 要保证电池组的温差不超过 5℃，在车辆进行直流充电，电池组的温度为 33℃时，电池热管理系统会介入；当电池组的温度低于 5℃时，电池加热系统会介入，当电池组的温度高于 10℃时，电池加热系统停止工作。

2. 电压采集功能

电池信息采集器的电压采集功能主要用于监测电池的电压。电池的电压是评估电池充电状态和健康状况的重要指标。

在车辆运行过程中（行驶或充电过程中），电池信息采集器会实时采集各个电池单体的电压，防止在车辆行驶过程中部分电池比其他电池更快放完电造成电池过放现象，或者防止在

车辆充电过程中部分电池比其他电池更快充满电造成电池过充现象。

二、电池单体电压异常故障及处理方法

电池单体电压异常故障可能是由多种因素引起的，包括电池老化、内部短路、外部连接问题、过充过放和其他电气故障等。处理这种故障通常需要采取一系列诊断和修复措施。

下面讲解电池单体电压异常故障的分析和处理

1. 电池电压高

（1）故障现象：满电静置后，一个电池单体或几个电池单体的电压明显偏高，其他电池正常。

（2）故障原因：①采集误差；②LMU（负载管理单元）均衡功能差或失效；③电池单体容量低，充电时电压上升较快。

（3）解决办法：①某电池单体电压显示值比其余电池单体高，测量此电池单体实际电压值并进行比对，若实际值较显示值低，且与其余电池单体电压相同，则以实际值为准对 LMU 电池单体电压进行校准；若测量值与显示值相符，则人工对电池单体进行放电均衡。②检查电压采样线是不是断裂、虚接。③更换 LMU。

2. 电池电压低

（1）故障现象：满电静置后，一个电池单体或几个电池单体的电压明显偏低，其他电池单体正常。

（2）故障原因：①采集误差；②LMU 均衡功能差或失效；③电池单体自放电率大；④电池单体容量低，放电时电压下降较快。

（3）解决办法：①某电池单体电压显示值比其余电池单体低，测量此电池单体实际电压值并进行比对，若实际值较显示值高，且与其余电池单体电压相同，则以实际值为准对 LMU 电池单体电压进行校准；若测量值与显示值相符，则人工对电池单体进行充电均衡。②检查电压采样线是不是断裂、虚接。③更换 LMU。④对故障电池组进行更换。

3. 个别电池单体电压异常处理流程

个别电池单体电压异常处理流程如图 4-21 所示。

（1）步骤 1：根据采集到的电池组数据流，确认出现异常的电池单体的编号，参考维修资料找到该电池单体编号所对应的电池模组。

（2）步骤 2：检查对应的电池信息采集器采样线是否有破损、插接件是否松动，若是，则调整或更换失效部件。

（3）步骤 3：检查电池信息采集器采样功能是否正常，可通过更换新的电池信息采集器（需配好对应地址）或相邻两个电池信息采集器对换，再通过诊断仪或上位机软件对所有电池单体的数据流进行检查。

（4）步骤 4：确认电池信息采集器采样功能正常后，检查电池模组内对应电池单体的电

压，可拔掉电池信息采集器的采样插接件，根据线标测量对应电池单体的实际电压；若实际量取电压与采样值一致，则说明是电池模组内电池单体问题导致的异常，排查结束。

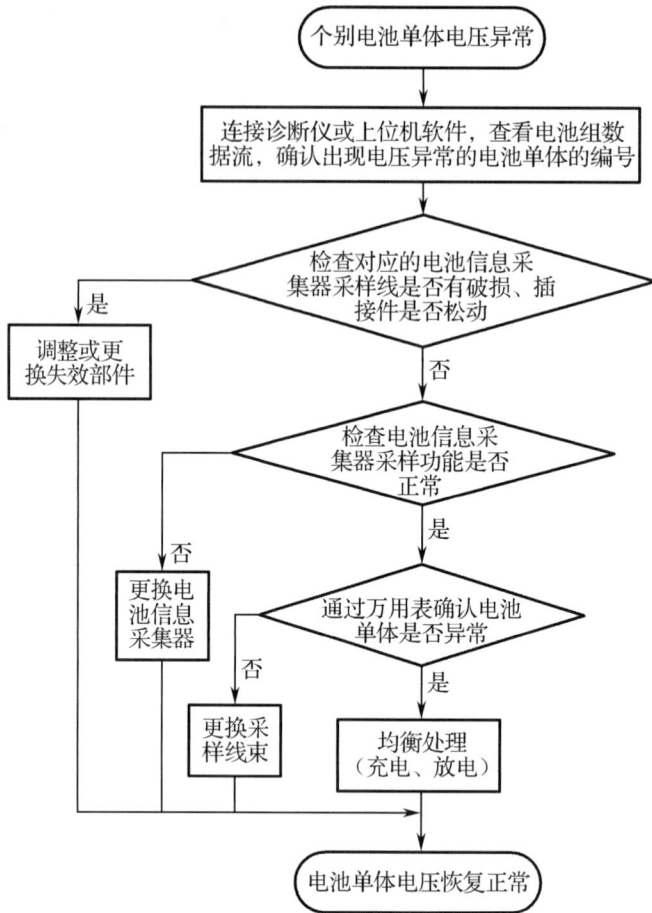

图 4-21　个别电池单体电压异常处理流程

4. 电池单体整组电压异常处理流程

（1）故障发现与确认。

（2）数据监测：通过 BMS 实时监测电池单体的电压，发现异常值。

（3）现场检查：对异常电池单体进行直观检查，查看是否有外观破损、发热、泄漏等现象。

（4）数据分析：对比历史数据、正常范围，分析异常电池单体的电压的趋势、波动规律，判断故障类型。

（5）测试验证：使用专业设备（内阻测试仪、容量测试仪等）对异常电池单体进行进一步测试，确认故障原因。

（6）均衡处理：对于轻微的电压偏差，可通过 BMS 的均衡功能进行调整，使电池单体电压趋于一致。

（7）维修或更换：对于严重故障（如内阻增大、容量严重衰减等），可能需要对电池单体进行维修或更换。

（8）系统校准：更换电池单体后，对 BMS 进行重新校准，确保监控数据准确。

（9）定期维护：定期进行电池组健康检查，提前发现并处理潜在的问题。

（10）使用规范：遵循正确的充电、放电、储存等操作规程，避免滥用导致的电池单体电压异常。

（11）环境控制：保持电池组工作环境温度、湿度适宜，避免极端环境对电池单体电压造成影响。

（12）故障记录与反馈。

① 故障记录：详细记录故障现象、诊断过程、处理方法、结果等信息，形成故障报告。

② 反馈改进：根据故障报告，分析故障原因，提出改进措施，避免类似的故障再次发生。

5. 电池单体电压异常的其他原因

电池单体电压异常（过电压、欠电压）要根据上述步骤进行分析和处理，在一般情况下，可明确造成电压异常的原因，主要包括插接件松动、线束破损、电池信息采集器损坏，以及电池单体自身差异等。在上述原因都不是的情况下，可能是电磁干扰导致数据收集、上传异常，可按照 CAN 总线干扰处理方案进行选择性尝试处理。

三、电池组电流异常故障及处理方法

电池组电流异常是指电池在充/放电过程中，电流值与实际测量值不符或者电流显示不稳定。下面是电池组电流异常的一些常见原因及相应的处理方法。

（一）常见原因

（1）电流传感器故障：电流传感器损坏或安装不当可能导致电流测量不准确。

（2）霍尔效应：霍尔传感器及其输入/输出电路出现问题可能导致电流检测异常。

（3）BMU 故障：BMU 故障可能导致电流处理和显示不正确。

（4）通信异常：数据传输过程中的通信问题可能导致电流信息更新不及时或错误。

（5）线束连接错误：电流传感器线束连接错误或接触不良。

（二）处理方法

（1）检查电流传感器：确认电流传感器是否正确安装，检查其是否损坏或需要重新校准。

（2）校准或更换失效部件：如果部件损坏，需要更换；如果安装不当，需要重新校准。

（3）检查通信线路：确保 BMS 与 BMU 之间的通信线路正常，无数据缺失或干扰。

（4）更新 BMU 程序：如果 BMU 程序存在问题，则可能需要更新程序以修复电流处理逻辑。

（5）检查线束连接：确保所有线束连接正确无误，无松动或接触不良现象。

（6）消除电池报警：检查并消除所有与电池相关的报警，确保电流显示不受影响。

（7）检查供电电路：确保霍尔电流传感器的供电电路正常，无异常供电情况。

（8）在处理电池组电流异常情况时，应确保安全操作，避免在未断电的情况下进行任何检查或更换工作，防止触电或短路等安全风险。

引导问题2：

请查阅资料，简述电池组总电压异常故障的分类。

四、电池组总电压异常故障及处理方法

（一）电池组总电压异常故障的描述

电池组总电压异常主要包括三个方面：工作电压异常升高、工作电压异常下降，以及电池组总电压的采样读数不准确。遇到这些情况时，BMU 会自动执行预设的控制策略。这些控制策略旨在维护电池组的安全，确保其正常运行。

（二）电池组总电压异常故障的分析和处理

电池组总电压异常是电动汽车动力电池系统可能会出现的故障，处理这一故障时需要仔细进行诊断并进行适当的处理。下面是电池组总电压偏高或偏低的处理流程。

1. 检查步骤1：总电压数据流确认

（1）诊断确认：使用专业的诊断仪或上位机软件来监测电池组的总电压数据流。

（2）电压对比：将监测到的电池组总电压与电池组最高允许充电电压的阈值和最低允许放电电压的阈值进行比较。

（3）故障判断：确认电池组总电压是处于正常波动范围内还是超出了预设的阈值，进而判断是否出现故障。

2. 检查步骤2：故障处理

（1）工作电压偏高处理：如果电池组工作电压偏高，需要通过放电过程将工作电压降至安全范围内。放电可以通过车辆的正常运行或使用专门的放电设备来完成。

（2）工作电压偏低处理：如果电池组工作电压偏低，需要通过充电过程将电压提升至安全范围内。充电应使用专业的充电设备，并监控充电过程以防过充。

（3）持续电压异常处理：如果在进行放电或充电处理后，电池组工作电压仍然偏高或偏低，表明可能存在电池模组故障。对于持续电压异常的电池模组，需要对其进行更换，以恢复电池组的整体性能和保障其安全。

3. 检查步骤3：后续监测

（1）更换后进行测试：更换发生故障的电池模组后，使用诊断仪重新测试电池组总电压，确保其已回归正常范围。

（2）系统重新校准：根据需要，对 BMS 进行重新校准，确保所有的传感器和控制单元同步且准确。

4．注意事项

（1）安全操作：在处理电池组总电压异常时，务必遵循安全规程，使用合适的个人防护装备。

（2）专业指导：在不确定的情况下，应咨询电池制造商或专业技术人员。

（3）记录维护：记录所有的检查和处理步骤，包括电压测量值、故障代码和采取的措施，以便于未来的维护和分析。

引导问题 3：

请查阅相关资料，简述电池组 SOC 异常故障的分类。

五、电池组 SOC 异常故障及处理方法

（一）电池组 SOC 异常故障的描述

电池组 SOC 异常是新能源汽车 BMS 中可能出现的问题，关系着电池的使用效率和安全。

电池组 SOC 异常通常表现为两种情况：一是电池组的 SOC 值持续低于正常水平；二是 SOC 值出现突然的跳变。无论是哪种情况，BMU 都会自动执行相应的控制策略，确保电池组的安全和正常运行。

（二）电池组 SOC 异常故障的分析和处理

1．检查步骤 1：SOC 值与阈值比较

（1）诊断确认：利用诊断仪或上位机软件读取电池组的实时 SOC 值。

（2）阈值对比：将测得的 SOC 值与电池制造商规定的 SOC 上下限阈值进行比较。例如，纯电动汽车的 SOC 上下限阈值可能为 20%～100%，某些混合动力汽车可能为 20%～93%。不同的车企可能有不同的设置，如比亚迪的某些混合动力汽车将下限阈值设置为 15%，理想 ONE 将下限阈值设置为 25%。

（3）故障判断：如果 SOC 值超出了预设的阈值但仍在正常范围内，那么电池组的 SOC 值偏低是正常现象，不会触发故障报警。

2．检查步骤 2：电池单体电压与 SOC 校准

（1）电压数据检查：查看电池组中电池单体的电压数据。

（2）校准表对照：根据 SOC 校准表，对比电池单体电压与 SOC 的关系，判断电池组的 SOC 值是否出现偏差。

（3）手动校准：如果 SOC 偏差较大且系统尚未自动校准，则可能需要专业技术人员手动进行 SOC 校准。

3．处理措施

（1）充/放电均衡：对于电池组 SOC 正常偏高或偏低的情况，进行电池组的充/放电均衡处理。

（2）自动校准：在充/放电过程中，BMU 会自动修正电池组 SOC，将其调整到合理的运行区间。电池组 SOC 异常的处理流程如图 4-22 所示。

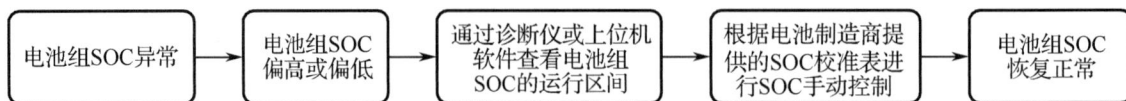

图 4-22　电池组 SOC 异常的处理流程

4. 注意事项

（1）监控 SOC 的变化：在电池组 SOC 异常处理过程中，持续监控 SOC 的变化，确保其在安全且合理的范围内。

（2）避免深度放电：防止电池组 SOC 过低，避免深度放电，防止损害电池寿命。

（3）专业操作：如果需要手动校准 SOC，应由专业技术人员按照电池制造商的指导进行。

（4）记录维护：记录所有的检查和处理步骤，包括 SOC 值、采取的措施和任何更换的部件，以便于未来的维护和分析。

六、电池组通信故障及处理方法

（一）电池组通信故障的描述

电池组通信故障可以分为两种情况：电池组内的通信故障（如电池信息采集器之间的电池子网通信故障），以及电池组外的通信故障（如与动力控制系统之间的 CAN 数据通信故障）。在这两种情况下，BMS 的核心组件——BMU 会执行特定的控制策略以确保电池组的安全和正常运行。

（二）电池组通信故障的分析和处理

使用诊断仪或上位机软件查看电池组数据流，明确电池组通信故障属于电池信息采集器之间的电池子网通信故障还是动力控制系统之间的 CAN 数据通信故障。

（1）检查步骤 1：使用诊断仪或上位机软件查看电池组数据流。

（2）检查步骤 2：保证电池子网内部线束连接完好，同时检查 BMS 输出给电池信息采集器的 12V 电源是否正常，以及检查电池信息采集器之间终端电阻是否正常。线束的首末两端各有 1 个 1200Ω 的电阻。

（3）检查步骤 3：确认电池子网线束及电池信息采集器之间终端电阻正常后，查看电池组内网数据，如果数据出现间断性恢复，一般可判断为电磁干扰问题。

如果遇到电磁干扰问题，一般的处理方式有增加磁环、滤波电容或优化低压通信线束等。

—————///////// 项目实施 \\\\\\\\\——————

一、岗位派工

为达到控制要求，本项目引入如下岗位，请各小组成员分别扮演其中一个岗位角色，参与项目实施。各岗位工作任务如表 4-2 所示，请各岗位人员按要求完成任务并在实训工单四中做好记录。

表 4-2 各岗位工作任务

岗 位 名 称	角 色 任 务
BMS 故障诊断技师	使用专业诊断工具读取 BMS 数据，分析故障代码，识别系统故障； 执行 BMS 软件更新、参数调整、系统初始化等操作
电气工程师	负责 BMS 与电池包、车辆控制系统的电气连接检查，包括线束、插接件的检测与更换； 修复或更换损坏的电子控制单元（ECU）、传感器等电气部件
硬件维修技师	负责 BMS 硬件部分的检查与维修，如控制板、通信模块的故障排除； 执行硬件模块的更换、焊接等工作，确保硬件部分正常运行
数据分析师	分析 BMS 采集的电池数据，如电压、电流、温度等，评估电池的 SOH； 利用数据分析结果，为故障诊断与预防性维护提供决策支持
质量监督员	完成检修后的 BMS 的功能与性能测试，包括通信测试、保护功能验证等； 确保维修质量符合标准，出具检验报告

二、技术认知

安全培训与资质认证：检修人员必须经过专业培训，并具有相应的安全操作资质，如具有电工特种作业操作证。

1. 故障诊断

使用专业的诊断工具读取电池系统的故障代码和详细数据，包括电池单体的电压、电流、温度、绝缘电阻等。

2. 外观检查

对电池包进行外观检查，寻找明显的损伤、变形或损坏。

3. 性能测试

对电池包进行性能测试，包括充/放电测试、气密性测试等，以评估电池的实际工作状态。

4. 维修与更换

根据检测结果制定维修方案，必要时更换故障零部件，如电池单体、电池模组或整个电池包。

5. 组装与封装

维修与更换后，重新组装电池包，并确保所有连接和封装达到安全标准。

6. 竣工检测

组装与封装后，进行整车竣工检测，确认电池系统及整车的工作状态正常，无故障代码及报警灯等故障信息。

7. 评估报告

形成评估报告，记录检测数据、维修过程和维修结果。

8. 建立档案

对维修过程和维修结果进行审核，并建立相应的档案，以便于未来的跟踪和维护。

9. 持续改进

根据维修过程中发现的问题和以往的经验，不断改进维修流程和提升服务质量。

10. 遵循标准

整个检修过程应遵循国家标准和行业规范，如 GB/T 31484—2015 等，以及团体标准《新能源汽车动力蓄电池检测与维修规范》。

11. 设备与工具

使用合适的工具和设备进行维修，确保维修质量。

12. 授权与合作

与汽车主机厂和电池制造商合作，获得必要的授权和技术指导。

13. 风险管理

建立风险管理机制，配备事故电池隔离设施、紧急运送通道、灭火器材等，以应对潜在的安全风险。

三、考核评分

完成任务后，由质量监督员和教师分别进行任务评价，并填写表4-3。

表4-3　任务评价表

项　目	评　分　点	配　分	质量监督员评分	教 师 评 分	备　注
理论知识掌握	BMS 基础知识	5			
	电池管理理论	5			
	安全规范与标准	10			
实操技能	模拟 BMS 故障，考核技术人员定位故障点的能力，包括使用诊断工具、解读故障代码、分析数据等	10			
	更换故障模块、维修或更换插接件、进行线路检查等	10			
数据分析能力	对故障诊断过程、修复步骤、使用的工具及材料的详细记录与分析能力	10			
故障诊断与处理	在整个检修过程中是否严格遵守安全操作规程，包括个人防护装备的正确使用、高压隔离与接地操作等	20			

项 目	评 分 点	配 分	质量监督员评分	教 师 评 分	备 注
职业素养	小组成员间沟通顺畅	3			
	小组有决策计划	5			
	小组内部各岗位分工明确	2			
	操作完成后，工位上无垃圾	5			
	职业操守好，完工后工具和配件摆放整齐	5			
安全事项	在安装过程中，无损坏元器件及人身伤害现象	5			
	在通电调试过程中，无短路现象	5			
评分合计					

实训工单四 检修信息采集模板故障

一、接受任务

以下是一个示例性的实训工单，用于指导技术人员使用电气原理图和万用表确认故障点。按照规范作业要求完成信息采集模板故障检修的操作步骤，完成数据采集并记录。

二、制订计划

根据前面所了解的知识和在小组内部讨论的结果制定工作方案，指定负责人，落实各项工作，如任务实施前的准备工作、实施过程中的主要操作及协助支持工作、实施过程中相关要点和数据的记录工作等，工作计划表如表 4-4 所示。

表 4-4 工作计划表

步 骤	工 作 内 容	负 责 人
1		
2		
3		
4		
5		

根据计划完成学生任务分配，如表 4-5 所示。

表 4-5　学生任务分配表

班级		组号		指导教师	
组长		学号			
组员分配					
信息员			学号		
操作员			学号		
记录员			学号		
安全员			学号		
任务分工					

三、任务实施

（一）信息采集模板故障检修

项目名称	信息采集模板故障检修				
派工岗位		施工地点		施工时间	
学生姓名		班级		学号	
班组名称		同组成员			
实训目标	1. 掌握信息采集模板的基本工作原理。 2. 学会使用相关的仪器设备进行故障诊断。 3. 熟悉信息采集模板的故障检修流程。 4. 提高在实际操作中的故障排除能力。				
一、实训设备与材料					
1. 信息采集模板。 2. 诊断仪。 3. 万用表。 4. 其他必要工具和设备。					
二、实训步骤					
步骤1：环境准备 准备好实训所需的所有工具和设备。 确保工作区域的安全性和清洁度。 步骤2：设备准备 连接信息采集模板与诊断仪。 启动设备的电源，确认设备是否正常启动。 步骤3：故障模拟 模拟信息采集模板的常见故障，如信号丢失、数据异常等。 利用诊断仪读取故障代码，并记录相关信息。 步骤4：故障诊断 根据诊断仪提供的故障代码，使用万用表等工具进行故障点定位。 分析故障原因，制定可能的解决方案。 步骤5：故障排除 实施解决方案，进行故障修复。 如果遇到难以解决的问题，寻求指导教师的帮助。					

步骤 6：功能测试 修复故障后，对信息采集模板的功能进行全面测试。 确认各项数据是否恢复正常。 步骤 7：记录与总结 记录整个实训过程中的关键点和遇到的问题。 总结故障检修的经验和教训。
三、安全注意事项
1．操作时注意安全，遵循设备的操作规程。 2．保持工作区域的整洁，正确存放使用的工具和设备。 3．爱护实训设备，严格按照指导进行操作。
四、结果讨论
1．检查与测试：使用万用表进行检查并确认连接无误。   2．功能验证：   3．数据记录：记录操作过程中的所有重要数据。

五、遇到的问题及解决措施
遇到的问题：
解决措施：

六、收获与反思
我的收获：
我的反思：

七、综合评分	

（二）高压互锁故障诊断与排除

项目名称	高压互锁故障诊断与排除				
派工岗位		施工地点		施工时间	
学生姓名		班级		学号	
班组名称		同组成员			
实训目标	1. 理解高压互锁的工作原理。 2. 能够使用诊断仪识别高压互锁故障代码。 3. 掌握高压互锁故障的排查流程。 4. 学会安全地进行高压电气系统的维修和测试。				
一、实训设备与材料					
1. 高压互锁模拟装置。 2. 诊断仪。 3. 万用表。 4. 高压绝缘电阻测试仪。 5. 个人防护装备。					

二、实训步骤
步骤 1：理论学习 了解高压互锁的工作原理。 熟悉相关的安全操作规程。 步骤 2：工具和设备准备 准备好所有必需的工具和设备。 确保工作区域通风良好和有充足的照明。 步骤 3：故障模拟 在高压互锁模拟装置上人为设置高压互锁故障。 使用诊断仪读取故障代码，并记录相关信息。 步骤 4：安全措施 确认车辆高压电源已关闭，并正确佩戴个人防护装备。 步骤 5：故障诊断 使用诊断仪和万用表定位故障点。 根据故障现象分析可能的原因，并制订修复计划。 步骤 6：故障排除 执行修复计划，逐步排除故障。 如果遇到不确定的情况，及时向指导教师求助。 步骤 7：功能测试 排除故障后，重新测试高压互锁的功能。 确认系统是否恢复正常工作。 步骤 8：记录与总结 记录实训过程中的关键点和遇到的问题。 分享故障诊断和修复的经验和教训。
三、安全注意事项
1．遵守高压电气系统的安全操作规程。 2．在进行任何高压电气系统操作前，确保车辆已经完全断电。 3．使用适当的工具和设备，并正确地对其进行维护。 4．不要擅自改动或调整不在实训范围内的系统或部件。
四、评估标准
1．对故障进行诊断的操作步骤、数据记录及观察结果是准确的。   2．能准确记录并分析测试数据，修复故障。

3．遵守安全规定，无安全事故发生。

五、遇到的问题及解决措施
遇到的问题：   解决措施：

六、收获与反思
我的收获：   我的反思：

七、综合评分	

四、评价反馈

（1）各小组代表展示 PPT，介绍任务的完成过程。

（2）以小组为单位，对各小组的操作过程与操作结果进行自评和互评，并将评价结果填入表 4-6 中的小组评价部分。

（3）教师对学生的工作过程与工作结果进行评价，并将评价结果填入表 4-6 中的教师评价部分。

表 4-6　实训评价表

班级		组号		姓名		学号	
实训任务							
评价项目		评价标准				分值	得分
小组评价	计划决策	制定的工作方案合理可行，小组成员分工明确				10	
	任务实施	能够正确检查并设立实训工位				5	
		能够准备和规范使用工具与设备				5	
		能够正确地根据诊断仪确认故障原因				20	
		能够正确使用万用表并根据电气原理图定位故障点				20	
		能够规范填写实训工单				10	
	任务达成	能按照工作方案进行操作，按计划完成工作任务				10	
	工作态度	认真严谨，积极主动，安全生产，文明施工				10	
	团队合作	小组成员积极配合，主动交流，协调工作				5	
	6S 管理	完成竣工检验，现场恢复				5	
		小计				100	
教师评价	实训纪律	不出现无故迟到、早退、旷课现象，不违反课堂纪律				10	
	方案实施	严格按照工作方案完成任务				20	
	团队协作	任务实施过程互相配合，协作度高				20	
	工作质量	能准确完成检修信息采集模板故障的任务				20	
	工作规范	操作规范，三不落地，无意外事故发生				10	
	汇报展示	能准确表达，总结到位，改进措施可行				20	
		小计				100	
综合得分	小组评价得分×50%+教师评价得分×50%						

项目五　新能源汽车整车动力电池系统检修

◎ **知识目标** ◎

1. 掌握不同类型电池（如锂离子电池、镍氢电池等）的基本原理和特性。
2. 学会使用诊断设备检测电池状态参数，如电压、电流、温度、剩余容量等。
3. 理解车载充电机和外部充电设备的工作过程。

◎ **能力目标** ◎

1. 能独立进行新能源汽车整车动力电池系统的故障诊断。
2. 能熟练使用专业检测设备进行电池性能检测。
3. 能对 BMS 数据进行解析。

◎ **素质目标** ◎

1. 具备强烈的安全责任感，严格遵守高压操作规程，确保自身及他人的人身安全。
2. 勇于承担工作责任，对检修结果负责，对客户负责，对社会负责。
3. 通过检修实践，学生能够理解科学发展对国家和社会进步的重要性，树立科学的世界观和方法论。

━·━·━·━·━·━·━·━·━————//////// 项目导入 \\\\\\\\————·━·━·━·━·━·━·━·━

　　新能源汽车的发展趋势使动力电池系统在新能源汽车中处于核心地位，动力电池系统检修对今后的岗位实践十分重要。本项目通过介绍新能源汽车动力电池系统的组成、工作原理、关键部件（如电池模组、BMS、热管理系统、高压电气系统等）及其功能，使学生对动力电池系统有一个全面的认识。

　　本项目通过强调新能源汽车技术的发展，以及动力电池系统的科技进步，激发学生的创新意识和探索精神。在检修工作中，强调爱岗敬业、诚实守信等职业道德，使学生树立法治观念和培养社会责任感。

相关知识

任务一　检修动力电池热管理系统故障

◎ **任务引入** ◎

电动汽车上使用的动力电池是由多个电池单体通过串联方式组成的，为了使电池组在合理的温度范围内工作，电池组必须配有科学和高效的热管理系统。因此，需要对动力电池热管理系统进行检测与更换。

◎ **任务目标** ◎

1. 了解动力电池热管理的重要性。
2. 掌握动力电池热管理系统的分类。
3. 能按操作规范完成动力电池加热系统的检测与更换。
4. 通过任务的实施，培养学生的责任心，使其耐心和细心地对待工作，树立良好的职业形象。

◎ **知识链接** ◎

引导问题：
为什么电动汽车需要动力电池热管理系统？

一、动力电池热管理系统的概述

随着新能源汽车的发展，尤其纯电动汽车的续航能力从某种程度上来说是影响客户是否购买汽车的重要因素之一。有数据统计，一辆纯电动汽车在较恶劣的工况下（尤其冬季）开空调，其续航能力会下降 40%以上。所以相对于传统的燃油汽车，纯电动汽车能量的综合管理显得尤为重要。

为了提高整车性能，使电池组发挥最佳的性能，需要优化电池包的结构系统。动力电池热管理系统面对的问题如图 5-1 所示，解决好这些问题，电动汽车就能更好地适应高温和低温环境。

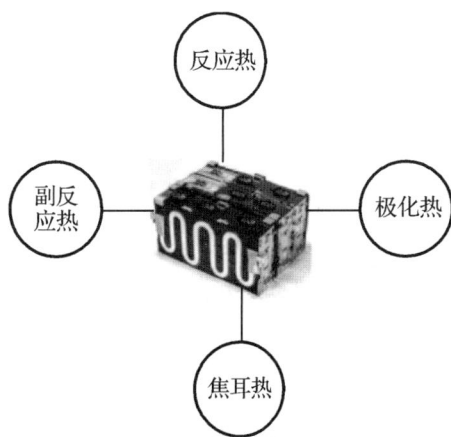

图 5-1　动力电池热管理系统面对的问题

（1）温度过低或过高都会影响锂离子电池的性能和使用寿命，因此必须要有热管理系统。根据传热介质的不同，动力电池热管理系统可分为风冷系统、直冷系统与液冷系统，液冷系统比直冷系统成本更低，冷却效果也优于风冷系统，具有主流应用趋势。

（2）由于动力类型的变化，新能源汽车空调使用的电动涡旋压缩机的成本相比于传统压缩机有明显提升。目前电动汽车主要采用PTC加热器进行采暖，冬天时严重影响续航能力，未来有望应用制热能效比更高的热泵空调系统。

由于新能源汽车的发动机、变速箱等部件变成了电池电机电控和减速器，因此其热管理系统主要包括四部分：动力电池热管理系统、汽车空调系统、电机电控冷却系统、减速器冷却系统。新能源汽车在低温环境下充电容易在负极表面形成锂沉积，锂在负极表面积累会刺穿电池隔膜，造成电池正极和负极短路，威胁电池的使用安全。因此，新能源汽车动力电池系统低温充电的安全问题极大地制约了新能源汽车在寒冷地区的推广。

为了提升整车效能并确保电池组能够以最优状态运行，同时延长使用寿命，动力电池热管理系统必须经过精心设计，能够适应高温和低温环境。

二、动力电池热管理的重要性

动力电池系统的热量主要是由电池电芯在工作过程中产生的，因此动力电池系统的热管理即电池包热管理。电池包中的热量累积会造成各处温度不均匀，影响电池单体的一致性，降低电池充/放电循环效率，影响电池的功率和能量发挥，严重时还会发生热失控，影响电池的安全性与可靠性。因此，为了使电池包的性能最佳，需要对其进行热管理，将电池包温度控制在合理的范围内，以保障动力电池系统稳定运行。动力电池热管理如图5-2所示。

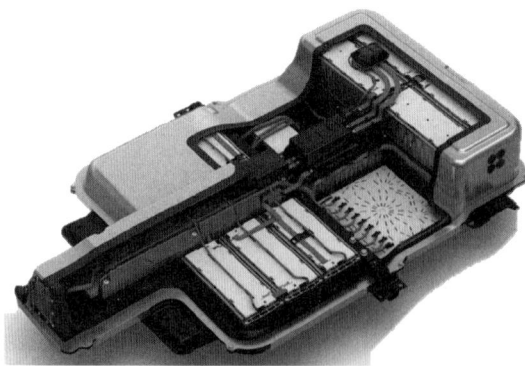

图5-2　动力电池热管理

锂离子电池最佳的工作温度为23±2℃。

（一）锂离子电池温度过高会导致的问题

在锂离子电池工作过程中，电流通过和发生电化学反应所产生的热量会导致电池温度升高，影响其内阻、电压、SOC/SOH、可用容量、充/放电倍率等，甚至可能导致安全隐患。

（二）锂离子电池温度过低会导致的问题

锂离子电池温度过低会使电池容量降低，容易出现过放现象，对锂离子电池造成不可逆的伤害。当锂离子电池的温度低于 0℃时，如果 BMS 不管控充电，则电池单体内部会析锂，刺穿电池内部隔膜，导致电池内部短路。因此，当 BMS 监测到锂离子电池的温度低于 0℃时，BMS 会控制外部充电桩使其停止对锂离子电池充电。

三、动力电池热管理系统的分类及介绍

动力电池热管理系统对于维持电动汽车动力电池的性能、寿命和保障其安全至关重要。

（一）风冷系统

风冷系统利用空气流动来散发电池产生的热量。风冷是以低温空气为介质，利用热的对流，降低电池温度的一种散热方式，分为自然风冷却和强制风冷却（利用风机等）。风冷系统简单、成本低，但冷却效果有限，适合于低功率密度的电池系统。该技术利用自然风或风机，配合汽车自带的蒸发器为电池降温，系统结构简单、便于维护，在早期的电动汽车中应用广泛。

（二）液冷系统

液冷系统是利用液体冷却剂的流动来散热的。但液冷系统通常使用特殊的冷却液，如矿物油或合成冷却剂，而不是水。液体冷却技术通过液体对流换热，将电池产生的热量带走，降低电池温度。液体介质的换热系数高、热容量大、冷却速度快，对降低温度、提升电池组温度场一致性的效果显著，同时，热管理系统的体积也相对较小。液冷系统形式较为灵活，可将电池单体或电池模组沉浸在液体中，也可在电池模组间设置冷却通道，或者在电池底部采用冷却板。电池与液体直接接触时，液体必须保证绝缘（如矿物油），以避免短路。同时，对液冷系统的气密性要求也较高。

这些冷却液具有更好的热传导性能和稳定性，适用于高性能电动汽车。

（三）直冷系统

相变材料能够在特定温度下发生相变，吸收或释放大量的热量。使用相变材料的热管理系统可以通过控制材料的相变来调节电池温度。这种方法具有良好的温度调控能力，但成本较高，且材料的使用寿命需进一步优化。

四、引起电池热失控的原因

热量是电池工作过程中的必然产物，假如电池热释放（热扩散）的速度比产热速度快，电池温度就不会上升，不会达到热失控温度。引起电池热失控的原因分为以下两类。

（一）热量产生过快或过多

热量产生过快或过多可能是由电池过充、过放、内部短路、外部短路、电池滥用（如撞击、挤压）等造成的。这些因素会导致电池内部的化学反应加剧，产热速度显著加快。

（二）热扩散不足

热扩散不足可能是由电池设计不合理、散热不良、使用环境恶劣（如高温环境）、电池老化等导致的。这些因素使电池内部产生的热量不能有效地向外扩散，导致热量在电池内部累积，引起电池温度升高。

当电池温度升高到一定程度时，可能会触发热失控，表现为电池温度急剧上升，甚至可能燃烧或爆炸。因此，BMS 和动力电池热管理系统的设计非常重要，它们能够监控电池的温度、电压和电流，防止电池在危险的条件下工作，避免热失控发生。

任务二　检修动力电池无法充/放电故障

动力电池包无法
充电故障

◎ **任务引入** ◎

随着新能源汽车行业的快速发展，动力电池作为电动汽车的核心部件，其性能和稳定性直接影响着车辆的整体性能、续航能力、安全性和用户满意度。当动力电池出现无法正常充/放电的故障时，车辆将丧失动力来源，严重影响用户的日常出行。

◎ **任务目标** ◎

1. 掌握交流、直流充电的工作原理。
2. 具备使用万用表并根据电气原理图确认故障点的能力。
3. 检索新能源汽车的多种补能方式，了解可能的就业方向，树立正确的就业观。

◎ **知识链接** ◎

一、交流充电系统

（一）交流充电系统的介绍

交流充电系统通过交流充电线束（家用慢速充电线束、充电桩慢速充电线束）与 220V 家用交流插座或交流充电桩相连，将 220V 交流电转化为直流电，以实现动力电池的电能补给。交流充电系统主要由供电设备（交流充电桩或家用交流电源等）、充电枪、交流充电接口、

车载充电机、高压线束、低压控制线束、高压控制盒（分线盒）、动力电池、整车控制器等部件组成。

1. 交流充电桩

交流充电桩如图 5-3 所示。交流充电桩指固定安装在电动汽车外，与交流电网连接，通过传导方式为电动汽车车载充电机（固定安装在电动汽车上的充电机）提供交流电源的供电装置。交流充电桩只提供电力输出，没有充电功能，需连接车载充电机为电动汽车充电，只是起一个控制电源的作用。交流充电桩由充电指示灯、触摸显示屏、IC（集成电路）卡读写器、充电插头和充电插座等组成。

图 5-3　交流充电桩

2. 交流充电接口

交流充电接口是交流充电桩与电动汽车慢充接口进行物理连接，完成充电和控制引导的插接器。交流充电可以分为单相交流充电和三相交流充电两种，其充电接口相同，单相交流充电主要应用于家庭充电设施和一些标准的公共充电设施，它们的充电接口比较简单，一般插头有 3 个端子，分别为交流相线、交流零线和接地线，如图 5-4（a）所示，它与传统的电源插座类似，只是形状不一样且额定电流较大。根据国家标准，单相交流充电的电流不能超过 8A，电压不能超过 250V。

比亚迪秦 EV 车型的交流充电接口安装在右后翼子板上。国标交流充电接口有 7 个端子，分别为 CC、CP、L1、L2、L3、N、PE。其中，L2 和 L3 在秦 EV 车型上是空脚［见图 5-4（b）］，只有秦 EV 300 和 2017 款之前的 e5 才有 AC 380V 三相交流充电功能。

（a）　　　　　　　　　　　　　（b）

图 5-4　交流充电接口

国标交流充电接口 7 个端子的分布方式如图 5-5 所示。

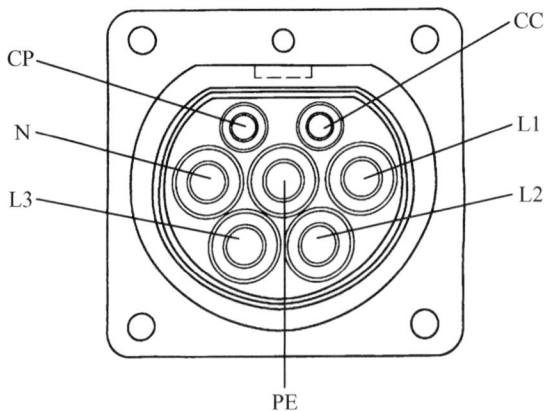

图 5-5 国标交流充电接口 7 个端子的分布方式

交流充电接口端子功能定义如表 5-1 所示。

表 5-1 交流充电接口端子功能定义

序 号	端子名称	作 用
1	L1	交流电源（单相）
2	L2	交流电源（三相，空）
3	L3	交流电源（三相，空）
4	N	中性线
5	PE	保护接地（PE），连接供电设备的地线和车辆电平台
6	CC	充电连接确认
7	CP	控制导引

（二）交流充电工作原理

交流充电系统是纯电动汽车的核心，动力电池的充电过程由 BMS 进行控制及保护。车载充电机的工作状态及指令均由 BMS 发出的指令进行控制，包括工作模式、动力电池允许的最大电压、充电允许的最大电流、加热状态电流值。交流充电系统的工作原理如图 5-6 所示。充电枪连接后，车载充电机将信号反馈至整车控制器，整车控制器通过负触发唤醒仪表并以负触发方式显示连接状态；车载充电机同时唤醒整车控制器和电池管理模块（正触发），整车控制器唤醒仪表显示充电状态（负触发）；正、负主继电器由整车控制器发出控制指令，由电池管理模块控制闭合。

交流充电系统的工作原理相对简单。交流充电桩提供了一个安全的电源接口，使电动汽车的车载充电机可以从电网获取交流电。

以下是交流充电的基本流程。

（1）连接充电器。将电动汽车的交流充电接口连接到交流充电桩上。

（2）电源转换。交流电通过电网流入交流充电桩，并通过变压器和调压器进行降压和稳

车载充电机检修

压处理，以确保输出稳定的交流电压。

（3）充电过程。稳定的交流电被传输到电动汽车的车载充电机。

车载充电机将交流电转换为直流电，这个过程包括整流和滤波，以确保输出的直流电足够平滑。转换后的直流电被送入 BMS，由 BMS 控制充电过程，确保动力电池安全、高效地充电。

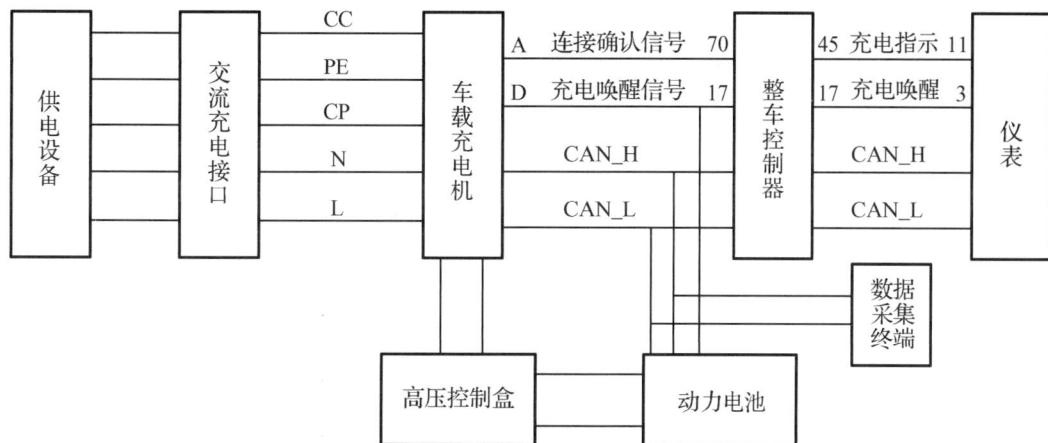

图 5-6　交流充电系统的工作原理

（三）交流充电的条件

（1）交流充电枪与交流充电接口连接，确认信号正常。

（2）车载充电机供电电源正常（含 AC 220V 和充电枪端的 DC 12V）、车载充电机低压控制线束及本体正常。

（3）充电唤醒信号输出（DC 12V）正常。

（4）车载充电机、整车控制器、BMS 之间的通信正常，电池包正负极接触器闭合，BMS 向车载充电机发送电流强度需求的指令。

（5）电池单体之间的最高温度与最低温度的差不超过 5℃，且电池单体的温度>5℃。

（6）电池单体最高电压与最低电压的差<0.03V。

（7）电池组的绝缘电阻值>500Ω/V。

（8）高、低压电路连接正常。

引导问题 1：

电动汽车直流充电系统由哪些结构组成？

二、直流充电系统

（一）电动汽车直流充电系统的结构

直流充电线更换

直流充电系统一般使用工业 380V 的三相四线电，通过直流充电桩，经功率变换后，直

接将高压大电流通过母线对动力电池进行快速充电，实现高效、安全的电量补给。直流充电系统主要由电源设备（直流充电桩）、直流充电接口、高压配电盒、动力电池、整车控制器、高压线束和低压控制线束等组成。

直流充电系统由直流充电桩完成交-直流变换，充电功率较大，从几十千瓦到几百千瓦不等，充电时间从10min（直流快充）到6h（直流普通充电）不等，在当前的电池技术下，直流快充可作为电动汽车充电的应急补充。

1. 直流充电桩

直流充电桩如图5-7所示，是固定安装在电动汽车外，连接电网与电动汽车之间接口的设备，包含充电接口、人机交互界面（如触摸屏显示器、支付终端等）、控制器、通信模块、安全防护（如漏电保护、过流保护、过压保护等）设备和电源模块。

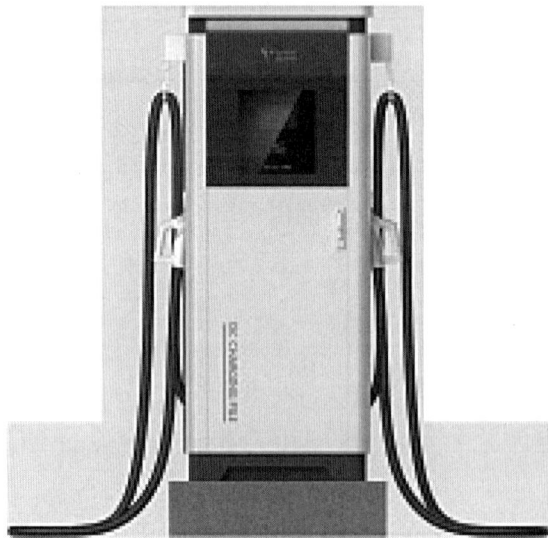

图5-7　直流充电桩

直流充电桩与交流电网连接，能将交流电转换成直流电，可以为电动汽车提供直流电。直流充电桩采用三相四线AC 380V（±15%），能输出频率为50Hz、可调的直流电，可以不经过车载充电机，直接为电动汽车的动力电池充电。直流充电桩采用三相四线制供电，可以提供足够的功率，输出的电压和电流调整范围大，能够实现快充。

2. 直流充电接口

直流充电枪连接直流充电接口后，通过直流充电接口端的S+、S-实现与BMS的交互，并通过直流充电桩端的辅助电源A+、A-唤醒BMS，高压直流电通过充配电总成中的直流充电正负极接触器给动力电池充电。

图5-8所示为直流充电接口的结构，该接口共有9个端子。

比亚迪秦EV车型的直流充电接口安装在车头logo的后面（见图5-9）。直流充电接口的DC+与DC-高压电缆之间安装有温度传感器，用来检测直流充电时的直流充电接口的温度。当直流充电接口的温度上升到75℃时，BMS控制直流充电正负极接触器断开，使直流充

接口不会因为温度过高而熔化，保证充电安全。

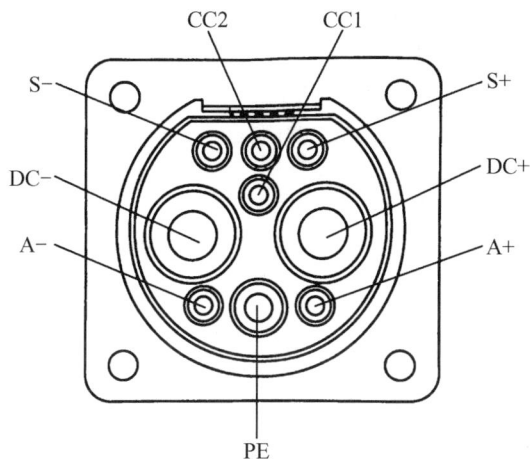

图 5-8　直流充电接口的结构

图 5-9　比亚迪秦 EV 车型的直流充电接口

直流充电接口端子功能定义如表 5-2 所示。

表 5-2　直流充电接口端子功能定义

端子名称	定　义	备　注
DC+	高压直流正极输入	
DC-	高压直流负极输入	
A+	低压辅助电源正极	直流充电桩给车辆输入 12V 低压电，其中 A-接车身地
A-	低压辅助电源负极	
S+	CAN-H	
S-	CAN-L	
CC1	1kΩ±30Ω	直流充电接口上的 CC1 与 PE 之间的电阻值为 1kΩ，直流充电桩通过它确认是否已插充电枪
CC2	直流充电感应信号	直流充电枪上的 CC2 与 PE 之间的电阻值为 1kΩ，整车 BMS 通过它确认是否已插充电枪
PE	接地	与地连接

引导问题 2：

电动汽车直流充电系统是如何工作的？其工作原理是什么？

（二）电动汽车直流充电系统的工作原理

当电动汽车接入直流充电桩时，首先通过专门设计的直流充电接口进行连接，此接口具备电气连接、信号传输和安全互锁等功能。充电开始前，电动汽车 BMS 与直流充电桩控制器进行通信握手，协商充电电压、电流等参数，确保兼容性和安全性。直流充电桩由输入整流装置、直流输入控制装置、直流输出控制装置和直流充电管理装置组成，如图 5-10 所示。

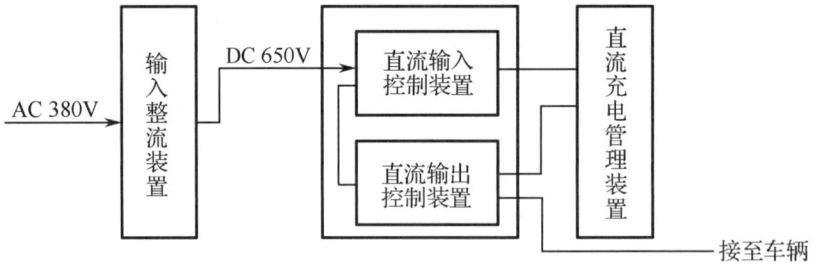

图 5-10　直流充电桩的组成

直流充电桩的工作原理如下所述。

直流充电桩是为电动汽车快速充电的设备，可以直接对电动汽车的动力电池进行直流充电。直流充电桩电气原理图如图 5-11 所示，三相 380V 交流电经过电磁兼容（EMC）等防雷模块后进入三相四线制电表中，三相四线制电表监控整个直流充电桩工作时的实际充电电量。直流充电桩主板接收用户的实际充电要求，控制继电器吸合接触器，直流充电桩通过充电枪直接给动力电池充电。同时，在显示模块显示车辆充电信息，提醒用户如果出现紧急情况，可通过急停按钮紧急切断充电电路，进行保护。辅助电源的主要作用是在直流充电桩工作时，给主控单元、显示模块、保护控制单元、信号采集单元及刷卡模块等控制系统进行供电。另外，在动力电池充电过程中，辅助电源给 BMS 供电，BMS 实时监控动力电池的状态。

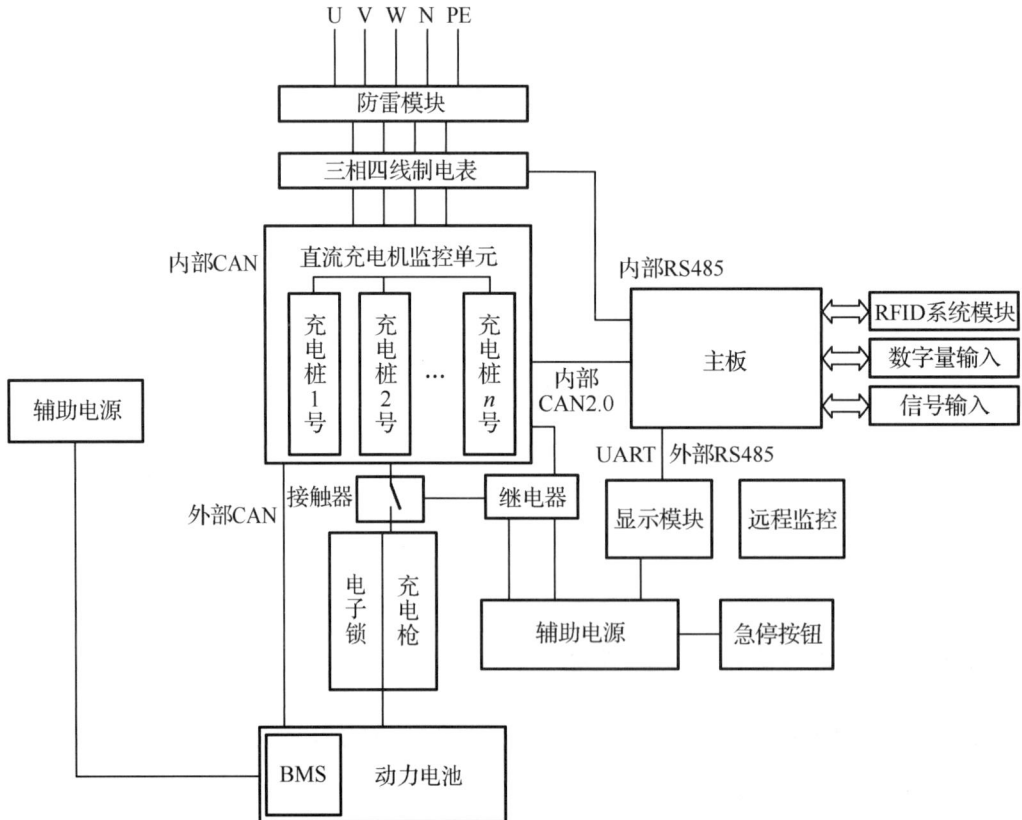

图 5-11　直流充电桩电气原理图

（三）直流充电系统常见故障的诊断与排除

直流充电系统常见故障的诊断与排除涉及多个方面，以下列举一些典型的故障及其排查步骤。

1. 充电失败/无法启动充电

诊断与排除：首先检查充电枪与充电接口是否完全连接并锁定；确认充电桩显示屏和车辆仪表盘是否有异常提示；检查车辆 BMS 和充电桩之间的通信是否正常；尝试重启充电桩或车辆，看是否能恢复正常。

2. 充电电流小/充电速度慢

诊断与排除：查看充电桩和 BMS 设定的充电参数是否受限；检查动力电池的状态，如动力电池温度过高或过低可能导致限流；确认充电线缆和充电接口是否接触不良或损坏；检查充电桩供电电压是否正常，可能存在电网供电不足的情况。

3. 充电突然停止

诊断与排除：查看充电桩和车辆显示屏上的故障代码，根据故障代码的提示查找原因；检查动力电池是否达到预设的满充截止条件（如 SOC 到达 100%）；核实 BMS 是否检测到异常状态（如过温、过压、过流等）并自动停止充电；检查充电桩内部的保护电路是否基于某种原因触发了保护机制。

4. 充电枪插拔时有火花或异响

诊断与排除：检查充电枪和充电接口是否存在灰尘、水分或金属屑，以防短路；确认充电桩和车辆的接地良好；如果怀疑是充电枪内部机械或电气结构问题，需要更换或修理充电枪。

（四）直流充电的条件

（1）充电枪与充电接口连接，确认信号正常，即充电桩通过充电接口上的 CC1 与 PE 的电阻有 1kΩ 左右，说明充电枪连接正常。

（2）充电枪端的 A+、A-输出 12V 的电压，用来唤醒 BMS 及 VCU 等模块。

（3）充电枪端的 S+、S-通过电网与 BMS 进行通信，BMS 检测出直流充电感应信号 CC2 后，控制高压预充，预充完成后充电桩端的 DC+、DC-输出 DC 500V 的电压。

（4）在进行直流充电之前，烧结检测模块分别对直流充电正负极接触器进行烧结检测，烧结检测完成后，充电桩输出的直流电通过接触器给动力电池充电。

（5）电池单体之间的最高温度与最低温度的差不超过 5℃，且电池单体的温度>5℃。

（6）电池单体最高电压与最低电压的差<0.03V。

（7）电池组的绝缘电阻值>500Ω/V。

（8）高、低压电路连接正常。

三、智能充电模式介绍

智能充电模式是指利用先进的通信技术、自动化控制技术和人工智能算法，对电动汽车的充电过程进行智能化管理和优化的一种充电方式。智能充电模式的核心目标是提高充电效率、降低电网负荷、延长电池寿命，并为用户提供更加便捷和个性化的充电服务。

为防止车辆长时间停车导致低压蓄电池亏电而造成的车辆无法上电或充电，甚至低压蓄电池损坏，可以通过集成式车身控制模块（见图 5-12）直接检测低压蓄电池的电压，以此来判断是否进行智能充电模式。

图 5-12　集成式车身控制模块

任务三　检修动力电池限功率故障

◎ **任务引入** ◎

动力电池作为动力来源的核心部件，其输出功率的稳定性直接影响车辆的性能表现和续航里程。当车辆出现动力电池限功率（Power Limiting）故障时，可能出现加速无力、续航里程骤降、充电速度减慢等问题，极大地影响用户的驾乘体验和行车安全。因此，及时、准确地诊断和检修动力电池限功率故障，对于保障新能源汽车的正常运行和延长电池使用寿命至关重要。

◎ **任务目标** ◎

1. 了解动力电池限功率故障的相关术语。
2. 掌握动力电池限功率故障的成因。
3. 掌握动力电池限功率故障的排查方法。

◎　知识链接　◎

引导问题1：

请查阅相关资料，简述汽车功率的定义。

一、动力电池限功率故障的相关术语

动力电池限功率故障通常指的是基于某些原因，电动汽车的动力电池无法提供电能或只能提供有限的电能，导致车辆性能受限。

（一）汽车功率的定义

功率是指物体在单位时间内所做的功，是表示物体做功快慢的物理量，公式为 $P=W/t$，其中，P 表示功率，单位是瓦特，简称瓦，符号是 W；W 表示功，单位是焦耳，简称焦，符号是 J；t 表示时间，单位是秒，符号是 s。

汽车功率是指汽车发动机在单位时间内输出的能量，通常以马力（Horsepower）或瓦特为单位。汽车功率是衡量汽车动力性能的重要指标，表示汽车行驶时所需的动力大小，反映了汽车的动力性和燃油经济性。

汽车功率主要取决于发动机的排量、压缩比、气缸数量、点火时间、燃油喷射系统、燃烧条件等多个因素。在同类型汽车中，发动机功率越大，汽车动力性就越好，加速性、最高车速行驶时间等指标也就越好。此外，汽车功率还会影响汽车的燃油经济性。一般来说，汽车功率越小，燃油经济性就越好。

（二）转矩的定义

转矩是使物体发生转动的一种特殊的力矩。发动机的转矩是发动机从曲轴端输出的力矩。在功率固定的条件下，转矩与发动机转速呈反比关系，转速越快，转矩越小，反之越大。它反映了汽车在一定范围内的负载能力。新能源汽车的转矩主要是指发动机从曲轴端输出的力矩和驱动电机输出的力矩。

通常情况下，物体受到力的作用时会发生转动，而转矩就是影响该转动的关键因素。在机械应用中，常常使用转矩来描述一个旋转部件的输出功率，如发动机和电机输出的转矩就是描述它们制动和加速能力的重要参数。转矩也是机械振动的重要参数之一，直接影响着机器的性能和寿命。

（三）限功率的定义

限功率通常指的是对某个系统或设备的最大输出功率进行限制的行为或状态。

大多数车辆出现动力电池限功率故障时，仪表会亮起限功率故障灯，如图5-13所示。

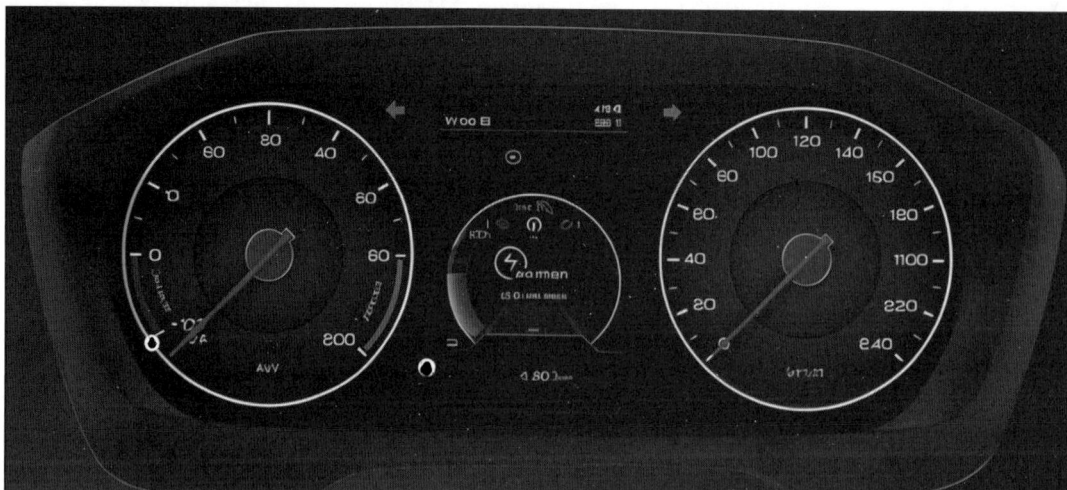

图 5-13　限功率故障灯

一般情况下，车辆出现动力电池限功率故障会有以下表现。

（1）车辆动力不足，如爬坡无力、深踩加速踏板时车速只能达到 40km/h。

（2）在充电工况下，无法达到车辆的额定充电功率，充电时间增加。

（3）无法使用空调系统。

引导问题 2：

请查阅相关资料，简述影响动力电池限功率的因素有哪些。

二、动力电池限功率故障的排查

（一）影响动力电池限功率故障的因素

（1）动力电池限功率故障通常不是独立存在的。

（2）在多数情况下动力电池限功率故障伴随着车辆高压系统绝缘故障、驱动电机及控制器温度故障、动力电池故障等。

（3）在少数情况下动力电池限功率故障伴随着其他线路故障，如油门信号校验错误、转向系统异常、防抱死制动系统（ABS）故障或车身电子稳定系统（ESP）故障等。

（二）动力电池限功率故障排查

动力电池限功率故障在电动汽车中是一个常见问题，通常与动力电池、BMS、驱动电机或车辆的控制系统有关。

1. 观察限功率故障灯是否亮起

若限功率故障灯亮起，则可确定此时车辆有异常状况，此时车辆有动力性能下降或空调系统不运转等故障发生。

2. 同时注意有没有其他伴随的故障灯出现

例如，动力电池故障指示灯、动力系统故障指示灯、驱动电机或动力电池过温警告灯、ABS 故障指示灯、转向系统故障指示灯等，如果有，则根据故障指示灯有针对性地进行故障分析和排除。

3. 利用故障诊断仪扫描全车所有的 ECU 模块

确定存在动力电池限功率故障之后，使用故障诊断仪扫描全车所有的 ECU 模块，观察有没有故障代码产生。例如，与转向助力模块通信异常、与车身电子稳定控制（ESC）模块通信异常、动力电池单节电压一般过低、一般漏电等具有明显指向性的故障代码，如图 5-14 所示。借助这些故障代码可以直接进行故障筛查。

图 5-14　车辆的故障代码

4. 判断车辆系统的运行状态

了解车辆的故障代码之后，可以直接读取相应模块的数据流（失去通信的模块除外），根据通过数据流仪器测得的具体数值来判断此时车辆系统的运行状态，如图 5-15 所示。

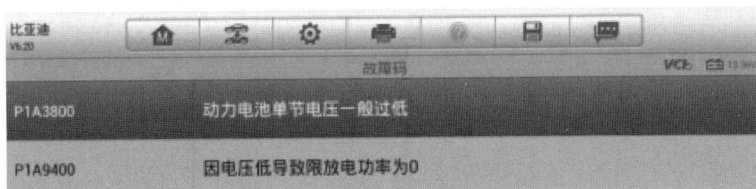

图 5-15　模块的数据流信息

5. 寻找故障点

做完以上筛查工作之后，可以根据故障现象、故障代码、数据流信息等寻找故障点。

（三）电池单体电压故障引起的动力电池限功率故障的排查

1. 数据收集与初步分析

通过 BMS 读取所有电池单体的电压数据，比较各电池单体电压与正常范围的差距。观察车辆仪表显示的故障代码和警告信息，了解是否存在与电池单体电压相关的故障提示。

2. 电池单体电压偏差检测

对比各个电池单体的电压，查找是否存在明显的电压偏低或偏高现象，识别出电压异常

的电池单体。分析电压异常的电池单体的电压变化趋势，判断是否持续存在电压不平衡或逐渐恶化的情况。

3. 进一步的故障排查

检查电池单体间的连接是否良好，是否有接触不良、连接器松动、腐蚀等导致电压损失的因素。使用专业设备（如内阻测试仪）检测电压异常的电池单体的内阻，判断是否存在由内阻增大导致的电压降问题。检查 BMS 的均衡功能是否正常，是否是均衡功能失效导致电池单体的电压异常。

4. 电池热状态检查

测量电池单体的表面温度，评估是否存在电池单体温度过高或过低导致的电压异常现象。检查电池热管理系统是否能正常工作，是否是冷却或加热功能失效导致电池单体的温度异常，影响电压性能。

5. 深度诊断与修复

若电池单体电压偏差大，可进一步进行容量测试，评估电池单体的实际健康状态。对于确定存在性能问题的电池单体，根据具体情况决定是否更换。若是 BMS 出现了故障，则需对软件进行升级或修复，确保电池管理策略的正确执行。

6. 修复故障后的验证

修复故障后，重新读取所有电池单体的电压数据，确认电压偏差已恢复正常。对电池组进行充/放电测试，验证电池组的性能是否恢复至正常水平。观察车辆在实际行驶中的表现，确认动力电池限功率故障已经消除。

对于电池单体电压故障引起的动力电池限功率故障的排查，应从数据监测、硬件检查、热状态评估、电池性能测试等多个维度进行，找出故障的根源并进行针对性修复，确保电池组的性能和安全性。同时，加强电池单体的日常维护和健康管理，预防同类故障的再次发生。

（四）电池模组温度故障引起的动力电池限功率故障排查

（1）通过诊断仪或上位机软件查看电池系统是否有故障代码，查看电池单体的最高温度和最低温度的数据流。

（2）无论车辆搭载何种材料的动力电池，温差基本上都是 BMS 按照 NEDC 标准设置的，电池单体最高温度与最低温度的差不超过 5℃。

（3）根据诊断仪或上位机软件确认温差过大的电池模组的编号及电池单体的编号。通过仪器确认是否有温度故障。

（4）对失效的部件（如电池信息采集器、温度传感器、采样线等）进行更换或更换电池模组。

任务四　检修动力电池 SOC 跳变故障

◎　**任务引入**　◎

动力电池 SOC 跳变故障通常表现为，车辆仪表显示的电池剩余电量在短时间内出现大幅度波动，如原本显示还有 50% 的电量突然降至 20% 或从 20% 突升至 80% 等非正常变化。这种情况不仅会影响驾驶员对车辆续航里程的准确判断，还可能会导致车辆动力系统异常。

◎　**任务目标**　◎

1. 了解 SOC 的估算方法及 SOC 估算的障碍。
2. 掌握影响 SOC 估算的因素。
3. 具备排除动力电池 SOC 跳变故障的能力。
4. 在需要多人合作的实训任务中感受团队精神的重要性。

◎　**知识链接**　◎

引导问题：
请查阅相关资料，简述动力电池的上/下限值的作用。

一、SOC 的概念

SOC 是衡量电池剩余电量的一个关键参数，表示电池当前储存的可用能量占全部容量的比例，通常用百分比表示，SOC 一般为 0～100%。在 BMS 中，SOC 用来评估电池的剩余能量，是确定何时充电或放电的重要依据。

实际上电池的 SOC 有一定的可用范围：SOC 的范围减去 SOC 的缓冲区域，剩下的部分就是 SOC 的可用范围，即 15%～95% 的可用范围。

精确的 SOC 估算对于电动汽车、储能系统及其他依赖电池作为能源的设备非常重要，因为它直接影响对设备的续航里程预测、充电策略、电池的健康状态评估和安全性。需要注意的是，SOC 并非直接测量得出的，而是基于电池电压、电流、温度和其他相关参数，通过复杂的算法估算得出的。

二、SOC 的估算方法及 SOC 估算的障碍

（一）SOC 的估算方法

1. 传统方法

传统方法有电流积分法、电池内阻法、放电试验法、OCV 法、负载电压法。

2. 创新方法

创新方法有卡尔曼滤波法、模糊逻辑理论法和神经网络法。

各种估算方法都有自己的优点和缺点，适用于不同的电池系统。

（二）SOC 估算的障碍

SOC 估算最大的障碍在于电池组的一致性问题，也是目前新能源汽车最难解决的问题之一。电池组的一致性问题影响新能源汽车实际充/放电量和续航里程，情况严重的话会发生电池热失控，甚至起火燃烧。因此，解决电池组的一致性问题后，SOC 估算才有意义。

在 BMS 中，SOC、电池能源状态（SOP）、SOH 都是非常重要的管理指标，它们直接关系着 BMS 的管理质量。

在电动汽车行驶过程中，若组合仪表或中控屏显示续航里程远远高于驾驶员的实际里程，则驾驶员可以放心行驶，但在电动汽车行驶过程中因 BMS 对 SOC 的估算不准确会出现车辆急速掉电的情况，甚至突然没电，半路抛锚，如果是在高速公路上行驶，则非常容易发生追尾事件。

三、影响 SOC 估算的因素

准确估算 SOC 对电池管理和对电动汽车的续航里程预测至关重要。然而，多种因素会影响 SOC 的估算精度，包括电池组的工作温度、放电电流、放电倍率、内阻、自放电率、衰减程度等。

电池组的 SOC 通常受电池组内性能最差的电池单体的影响，这种现象类似于木桶原理中最短木板限制了木桶的容量。在电池组中，即使其他电池单体的容量没有衰减，它们也无法提供超出性能最差的电池单体容量的电能。这意味着，电池组的总体容量和电动汽车的实际续航里程受性能最差的电池单体的限制。

衰减后的电池组如图 5-16 所示，5 号电池由于衰减得最严重，在整个电池组中的剩余容量最小，因此电池组的 SOC 就取决于 5 号电池。虽然其他电池的衰减程度较小，剩余容量都远大于 5 号电池，但是 BMS 会保护容量最小的 5 号电池不发生过放电，因此其他电池的容量即使再大也会被 BMS 忽略。

图 5-16　衰减后的电池组

容量衰减的电池单体普遍具有内阻偏高、自放电率大、温度相对较高等特点，当对其进

行充/放电操作时，电压、温度的波动幅度明显高于正常电池，从而严重影响 SOC 的实时估算，甚至会使计算值严重偏离实际值，影响新能源汽车的驾乘体验。电量估算技术如图 5-17 所示。

图 5-17　电量估算技术

四、动力电池 SOC 跳变故障的检修流程

动力电池 SOC 跳变故障的检修流程可以按照以下步骤进行。

1. 故障的确认与记录

首先，确认车辆仪表显示的 SOC 出现明显的非正常波动，记录跳变的具体数值和时间，以及当时车辆的运行状态（充电、放电、静置等）。

2. 数据收集与初步分析

通过 BMS 收集故障发生时电池组的电压、电流、温度、内阻等数据，同时记录 BMS 的故障代码和警告信息。分析 SOC 跳变前后电池组和电池单体的电压、温度变化，初步判断导致故障发生的可能原因。

3. 硬件检查

检查电池组内、外部连接是否紧密，有无松动、腐蚀或损坏现象，确保电池间的通信线路和信号传输正常。使用专业工具检测电池单体电压，寻找有明显异常的电池单体。检查 BMS 和相关传感器的硬件状态，确保它们正常工作。

4. 软件与算法分析

查阅 BMS 的软件版本和运行日志，分析 SOC 的估算方法是否存在问题，如软件的 bug、参数设置不合理等。

5. 系统校准与标定

对电池组进行充/放电循环，重新进行 SOC 校准，包括 OCV 曲线标定、内阻的测量和修正等。根据校准结果调整 BMS 中的相关参数，以提高 SOC 估算精度。

6. 故障排除与验证

根据前面的检查和分析结果，有针对性地进行故障排除，如更换发生故障的电池单体、

修复或更新 BMS 软件等。

排除故障后，再次进行充/放电测试，观察 SOC 显示是否恢复正常，确保电池组性能稳定。

━ ∙ ━ ∙ ━ ∙ ━ ∙ ━ ∙ ━ ∙━ //////////　项目实施　\\\\\\\\\\ ━ ∙ ━ ∙ ━ ∙ ━ ∙ ━ ∙ ━ ∙ ━

一、岗位派工

为达到控制要求，本项目引入如下岗位，请各小组成员分别扮演其中一个岗位角色，参与项目实施。各岗位工作任务如表 5-3 所示，请各岗位人员按要求完成任务并在实训工单五中做好记录。

表 5-3　各岗位工作任务

岗 位 名 称	角 色 任 务
故障诊断工程师	使用诊断设备读取 BMS 的数据，分析故障代码，记录电池单体的电压、电流、温度等关键参数； 初步判断故障发生的原因，如 BMS 软件错误、电池单体故障、传感器异常等
高压安全监督员	确保检修全程按照高压安全操作规程进行，监督并指导安全防护装备的正确使用； 检查维修区域的高压隔离与接地措施，确保操作环境安全
电池系统技术员	在高压安全监督员的指导下进行电池包的拆卸和检查，包括电池单体外观、连接件、电缆、BMS 硬件等； 使用专业工具对电池单体进行电压、内阻等测试，进一步确定发生故障的电池单体或电池模组
电子维修技师	负责修复或更换发生故障的传感器、电路板、通信模块等电子部件； 确保电气连接正确无误，测试电路的通断和电气的绝缘性能
质量监督员	维修完成后，进行全面的系统功能检测，包括 SOC 显示的稳定性、电池的充/放电性能等； 确保所有维修工作符合质量标准，并记录检修过程和结果

二、技术认知

1. 故障诊断

首先使用专业的诊断工具读取动力电池系统的故障代码和详细数据，包括电池单体的电压、电流、温度、绝缘电阻值等。

2. 数据记录与分析

记录 BMS 提供的数据，分析 SOC 跳变故障发生时的电池状态，包括电压、电流和温度等参数的变化。

3. 电池单体检查

对电池单体进行电压和健康状况检查，以确定是否存在发生故障的电池单体。

4. BMS 检查

检查 BMS 硬件和软件的状态，确认是否存在由 BMS 故障导致的 SOC 跳变故障。

5. 通信系统检查

验证 BMS 与车辆其他系统之间的通信是否正常，检查 CAN 总线通信故障可能导致的 SOC 跳变故障。

6. 电压采集线检查

检查电压采集线是否接触不良或损坏，若是，则可能导致电压读数不准确，进而引起 SOC 跳变故障。

7. 温度传感器检查

检查温度传感器的工作是否正常，温度异常可能会导致 SOC 跳变故障。

8. 绝缘故障检查

检查电池包的绝缘性能，短路或绝缘性能不良可能会导致 SOC 显示不准确。

9. 电池均衡系统检查

检查电池均衡系统的工作是否正常，电池不均衡可能会导致 SOC 跳变故障。

10. 电池物理检查

对电池包进行外观检查，寻找明显的损伤、变形或损坏。

11. 维修与更换

根据检测结果制定维修方案，必要时更换发生故障的零部件，如电池单体、电池模组或整个电池包。

12. 系统重新校准

在维修或更换部件后，重新校准 BMS，确保 SOC 显示准确无误。

13. 测试与验证

系统重新校准后，进行整车竣工检测，确认动力电池系统及整车的工作状态正常，无故障代码及报警灯等故障信息，并进行动态测试。

三、考核评分

完成任务后，由质量监督员和教师分别进行任务评价，并填写表 5-4。

表 5-4　任务评价表

项　目	评　分　点	配　分	质量监督员评分	教师评分	备　注
理论知识掌握	动力电池系统基础知识	5			
	故障诊断理论	5			
	安全规范与标准	10			
实操技能	正确使用诊断工具、维修设备、安全设备等	10			
	根据故障现象准确判断故障位置，使用诊断工具读取数据，分析故障代码	10			
数据分析能力	对故障诊断过程、修复步骤、使用的工具及材料的详细记录与分析能力	10			

续表

项　目	评　分　点	配　分	质量监督员评分	教师评分	备　注
故障诊断与处理	在整个检修过程中是否严格遵守安全操作规程，包括个人防护装备的正确使用、高压隔离与接地操作等	20			
职业素养	小组成员间沟通顺畅	3			
	小组有决策计划	5			
	小组内部各岗位分工明确	2			
	操作完成后，工位上无垃圾	5			
	职业操守好，完工后工具和配件摆放整齐	5			
安全事项	在安装过程中，无损坏元器件及人身伤害现象	5			
	在通电调试过程中，无短路现象	5			
评分合计					

实训工单五　新能源汽车整车动力电池系统检修

一、接受任务

以下是一个示例性的实训工单，用于指导技术人员如何进行新能源汽车整车动力电池系统检修。按照规范作业要求完成新能源汽车整车动力电池系统检修的操作步骤，完成数据采集并记录。

二、制订计划

根据前面所了解的知识和在小组内部讨论的结果制定工作方案，指定负责人，落实各项工作，如任务实施前的准备工作、实施过程中的主要操作及协助支持工作、实施过程中相关要点和数据的记录工作等，工作计划表如表 5-5 所示。

表 5-5　工作计划表

步　骤	工　作　内　容	负　责　人
1		
2		
3		
4		
5		

根据计划完成学生任务分配，如表 5-6 所示。

表 5-6　学生任务分配表

班级		组号		指导教师	
组长		学号			
组员分配					
信息员			学号		
操作员			学号		
记录员			学号		
安全员			学号		
任务分工					

三、任务实施

（一）动力电池 SOC 跳变故障的检修

项目名称	动力电池 SOC 跳变故障的检修				
派工岗位		施工地点		施工时间	
学生姓名		班级		学号	
班组名称		同组成员			
实训目标	1．熟练掌握动力电池 SOC 跳变故障的诊断流程和方法。 2．学习如何通过 BMS 获取和分析关键数据。 3．掌握与 SOC 估算相关的硬件检测与软件校准技巧。 4．提升故障排查、修复和验证的能力。				
一、实训设备与材料					
1．比亚迪秦 EV。 2．工位防护套装。 3．人员防护套装。 4．数字式交直流万用表。 5．专用解码仪。 6．万用接线盒。 7．电池举升平台。 8．铆钉枪、电池密封胶。					
二、实训步骤					
1．故障现象记录 记录车辆仪表显示的 SOC 跳变故障，包括跳变幅度、跳变时机、车辆运行状态等。 收集故障发生时的 BMS 数据记录，包括电池单体的电压、电流、温度等信息。 2．初始检查 检查电池组各连接线路是否松动、断裂或氧化。 使用专业设备检测电池单体的电压，对比查找异常电池单体。 检验 BMS 及相关传感器的工作状态，判断通信线路是否正常。 3．软件与数据分析 登录 BMS，查看 SOC 估算方法及实时数据，分析 SOC 跳变故障与实际参数的关系。 检查 BMS 软件的版本，查找是否存在已知的导致 SOC 估算异常的软件问题。 分析 BMS 日志记录，查找故障发生时的系统响应和事件记录。					

4．SOC 估算校准

对电池进行多次充/放电循环，重新校准 SOC 估算曲线。

调整或更新 BMS 中的 SOC 估算参数，进行软件优化和调试。

5．故障排查与修复

根据前期检查结果，针对性地修复硬件故障（如果有），如更换故障传感器、修复通信线路等。对软件问题进行修复或更新，进行必要的软件升级或配置更改。

6．验证与测试

修复后进行充/放电测试，观察 SOC 显示是否恢复正常，记录并对比修复前后的 SOC 变化曲线。进行长时间的道路测试，判断 SOC 跳变故障是否彻底消除。

7．后期维护与跟进

提交完整的故障检修报告，包括故障原因分析、修复过程、验证结果等。

对电池进行定期复查，预防类似故障的再次发生。

三、安全注意事项

在进行所有操作之前，确保车辆已断电；按照高压操作规程进行操作，确保人身安全。

在进行软件操作时，注意进行数据备份，以防数据丢失。

四、结果讨论

1．检查与测试：

2．功能验证：

3．数据记录：记录操作过程中的所有重要数据。

五、遇到的问题及解决措施	
遇到的问题： 解决措施：	
六、收获与反思	
我的收获： 我的反思：	
七、综合评分	

（二）动力电池热管理系统故障检修

项目名称	动力电池热管理系统故障检修				
派工岗位		施工地点		施工时间	
学生姓名		班级		学号	
班组名称		同组成员			
实训目标	1. 系统掌握动力电池热管理系统的结构与工作原理。 2. 掌握动力电池热管理系统常见故障的诊断与检修方法。 3. 强化动手实践能力，提升对动力电池热管理系统进行维护与故障排除的实战技能。				
一、实训设备与材料					

1. 比亚迪秦 EV。
2. 工位防护套装。
3. 人员防护套装。
4. 数字式交直流万用表。
5. 专用解码仪。
6. 万用接线盒。

二、实训步骤
1. 前期准备 熟悉并了解实训车辆动力电池热管理系统的结构和工作原理，包括冷却系统、加热系统、温度传感器、BMS 等。 准备必要的检修工具和检测设备，如万用表、示波器、红外热像仪、冷却液测试仪等。 2. 故障现象记录 记录并分析实训车辆出现的热管理问题，如电池温度过高、过低、冷却液循环异常、风扇不工作等。 通过 BMS 读取并记录故障发生时的电池温度、冷却液温度、风扇工作状态等关键数据。 3. 热管理系统检查 检查冷却液储罐液位和冷却液状态，确认冷却液是否足够，有无污染或变质。 检查冷却管路、水泵、冷却液阀、散热器、电控阀门等部件，查看有无泄漏、堵塞、损坏等问题。检测温度传感器工作状态，判断其信号输出是否正常，是否与实际温度相符。 4. 热管理控制单元及部件测试 连接诊断设备，读取并分析热管理控制单元的故障代码，判断是否存在控制逻辑错误或硬件故障。测试风扇、水泵等电动部件的工作状态和性能，判断其是否能正常工作。 5. 故障排查与修复 根据以上检查结果定位故障源并进行修复，如更换损坏部件、清洁堵塞管路、修复冷却系统等。 对于热管理控制单元故障，要进行软件刷新或参数调整，必要时更换热管理控制单元。 6. 故障修复后的验证 修复完毕后，再次通过 BMS 读取并记录系统数据，对比故障前后的变化，判断故障是否已消除。进行道路测试或模拟负载进行测试，观察电池温度是否能在正常范围内稳定，冷却系统是否能按需正常工作。
三、安全注意事项
1. 在进行所有操作前，确保车辆已断电；按照高压操作规程进行操作，确保人身安全。 2. 在检查高压部件时，必须先进行高压放电，防止触电危险。
四、评估标准
1. 对故障进行诊断的操作步骤、数据记录及观察结果是准确的。
2. 能准确记录并分析测试数据，修复故障。

3. 遵守安全规定，无安全事故发生。

五、遇到的问题及解决措施

遇到的问题：

解决措施：

六、收获与反思

我的收获：

我的反思：

七、综合评分	

四、评价反馈

（1）各小组代表展示 PPT，介绍任务的完成过程。

（2）以小组为单位，对各小组的操作过程与操作结果进行自评和互评，并将评价结果填入表 5-7 中的小组评价部分。

（3）教师对学生的工作过程与工作结果进行评价，并将评价结果填入表 5-7 中的教师评价部分。

表 5-7　实训评价表

班级		组号		姓名		学号	
实训任务							
评价项目		评价标准				分值	得分
小组评价	计划决策	制定的工作方案合理可行，小组成员分工明确				10	
	任务实施	能够正确检查并设立实训工位				5	
		能够准备和规范使用工具与设备				5	
		能够正确地根据诊断仪确认故障原因				20	
		能够正确排除动力电池热管理系统的故障				20	
		能够规范填写实训工单				10	
	任务达成	能按照工作方案进行操作，按计划完成工作任务				10	
	工作态度	认真严谨，积极主动，安全生产，文明施工				10	
	团队合作	小组成员积极配合，主动交流，协调工作				5	
	6S 管理	完成竣工检验，现场恢复				5	
		小计				100	
教师评价	实训纪律	不出现无故迟到、早退、旷课现象，不违反课堂纪律				10	
	方案实施	严格按照工作方案完成任务				20	
	团队协作	任务实施过程互相配合，协作度高				20	
	工作质量	能准确完成检修动力电池热管理系统故障的任务				20	
	工作规范	操作规范，三不落地，无意外事故发生				10	
	汇报展示	能准确表达，总结到位，改进措施可行				20	
		小计				100	
综合得分	小组评价得分×50%+教师评价得分×50%						

项目六　新能源汽车动力电池模组检修

◎ **知识目标** ◎

1. 理解电池模组的基本结构。
2. 掌握不同类型动力电池的工作原理和性能特点。
3. 掌握动力电池常见故障的诊断方法和处理技巧。

◎ **能力目标** ◎

1. 能够安全地处理和操作动力电池。
2. 能够使用专业设备和方法诊断电池模组的故障。
3. 能够正确地拆卸和重装电池模组。

◎ **素质目标** ◎

1. 在检修过程中能够细致地观察电池模组的外观和状态，及时发现潜在的问题。
2. 具备将理论知识应用于实践的能力，能够熟练进行电池模组的拆装、测试和维护。
3. 遵守国家关于新能源汽车和电池管理的相关法律法规，合法合规地进行检修工作。

━━━━━━━━////////// **项目导入** \\\\\\\\━━━━━━━━

　　随着全球新能源汽车产业的快速发展，动力电池作为电动汽车的核心部件，其性能的稳定性和使用寿命直接影响车辆的续航里程、驾驶安全和用户满意度。因此，对电池模组进行定期维护和故障检修尤为重要。通过电池模组检修工作，让学生认识到自己工作的重要性，培养学生对工作的责任心。

　　本项目旨在使学生掌握新能源汽车动力电池模组的构造、工作原理，以及常见故障的诊断与维修技能，培养专业的动力电池检修人才。

---///////// **相关知识** \\\\\\\\\---

任务一 完成动力电池模组均衡操作

◎ 任务引入 ◎

动力电池模组均衡是新能源汽车 BMS 的关键功能，可以协调电池模组内所有电池单体的一致性，即各个电池单体的 SOC、电压、内阻尽可能接近，提高电池组的整体性能、延长其使用寿命、确保行车安全。均衡不当可能会导致电池组效能低下、使用寿命缩短，甚至引发安全隐患。

◎ 任务目标 ◎

1. 了解电池不一致性的危害。
2. 掌握应对电池不一致性的措施。
3. 具备完成动力电池模组均衡操作的能力。
4. 培养学生快速适应新技术、新工具和新工作环境的能力。

◎ 知识链接 ◎

引导问题 1：
请查阅相关资料，简述电池不一致性受哪些因素影响。

一、电池不一致性分析

电池不一致性是指在电池组中，电池单体之间在电压、内阻、容量、温度等参数上存在差异。这种差异会影响电池组的性能和寿命，甚至可能引发安全问题。电池不一致性是一个不断累积的过程，时间越长，电池单体之间出现的差异越大，并且电池组还会受使用环境及消费者对电池滥用的影响，在使用过程中电池单体的不一致性会逐渐放大，导致某些电池单体的性能加速衰减，从而导致电池组过早失效。电池不一致性受时间的影响较大。电池不一致性主要表现在以下几个方面。

（一）从制造过程角度看

在制造过程中存在工艺和材质不均匀等问题，导致电池的材料和技术等存在差别。

（二）从电池装车使用时看

电池装车使用时，电池组中各个电池单体受电解液密度、温度和通风条件、自放电程度

及充/放电过程等差别的影响。

（三）生产过程中的不一致性

电池制造过程中的差异，如活性物质的分布差异、电解液的不均匀性等，会导致电池单体的初始性能具有差异。

（四）使用过程中的不一致性

电池在电动汽车上使用时，温度、充/放电历史、电流密度等因素的不同会使得电池性能进一步分化。

引导问题 2：

请查阅相关资料，简述电池不一致性会造成哪些方面的损失。

二、电池不一致性的危害

电池不一致性对电池组的性能和安全带来的危害主要表现在以下几个方面。

（一）容量损失

电池组的容量受制于性能最差的电池单体，即木桶原理，导致电池组的容量无法充分利用。

（二）使用寿命变短

电池组的使用寿命通常由使用寿命最短的电池单体决定。电池不一致性导致某些电池单体经历频繁的满充、满放，加速劣化。

（三）内阻增大

内阻较大的电池在流过相同的电流时会产生更多热量，导致温度升高和劣化加速，形成负反馈循环。电池组的温度过高造成电池组的劣化速度加快，内阻又会进一步增大。内阻增大和温度过高形成一对负反馈，使内阻较大的电池单体加速劣化。

（四）热管理问题

电池单体内阻不一致导致电池组内部温度分布不均，影响电池的性能和使用寿命，甚至可能引发电池热失控。

（五）安全隐患

电池不一致性可能引起某些电池过充或过放，增加了电池热失控的风险，对电池的安全

构成威胁。

（六）系统故障率增大

电池不一致性导致电池组的性能下降，可能会使系统故障率增大，影响电动汽车的可靠性。

（七）性能下降

由于电池不一致性，部分电池可能无法提供预期的输出，整体性能降低。

引导问题 3：

请查阅相关资料，简述如何解决内阻不一致的电池单体发热量不同的问题。

三、应对电池不一致性的措施

（一）电池单体分选

不同批次的电池单体，理论上不能一起使用。在组装电池组前，要对电池单体进行分组，确保同一组内的电池参数尽可能接近。分选可以通过静态分选（OCV、内阻、容量等）和动态分选（充/放电过程中的特性）来实现，以减小电池单体的初始差异。

（二）BMS

使用 BMS 监控电池组中每个电池单体的电压、电流和温度，执行电池单体间的均衡功能，减少电池接线费用，并计算 SOC、SOH 和 SOF。掌握电池不一致性发展规律，对具有极端参数的电池及时进行调整或更换，以保证电池参数的不一致性不随使用时间而增大。

（三）热管理系统

设计有效的热管理系统，确保电池组工作温度的一致性，减少温度对电池一致性的影响，提高电池的使用寿命。

（四）充电均衡技术

采用被动均衡或主动均衡技术，减少电池单体间的能量差异。被动均衡通过电阻将多余的能量转化为热量；主动均衡通过 DC/DC 转换器在电池间传递电荷，更有效地进行能量转移。

（五）电池热管理技术

针对内阻不一致的电池单体发热量也不同的问题，在 BMS 加入了热管理系统，可以调节整个电池组的温差，使电池组维持在一个合理的温度范围内。发热量较高的电池单体依然温度偏高，但不会与其他电池单体拉开差距，劣化水平不会出现明显的差异。

（六）能量管理和均衡系统

在电池包输出功率允许的情况下，尽量减小电池放电深度。引入实用性电池组能量管理和均衡系统，制定合理的电池均衡策略，主动干预和降低电池不一致性。尽量使电池深度放电，并且防止电池过充。

引导问题 4：

请查阅相关资料，简述主动均衡启动的条件。

四、主动均衡

BMS 中的主动均衡是以能量转移的方式进行的，能将能量从能量高的电池单体转移到能量低的电池单体，达到平衡，如图 6-1 所示，用于提高电池组的性能和延长电池组的使用寿命。

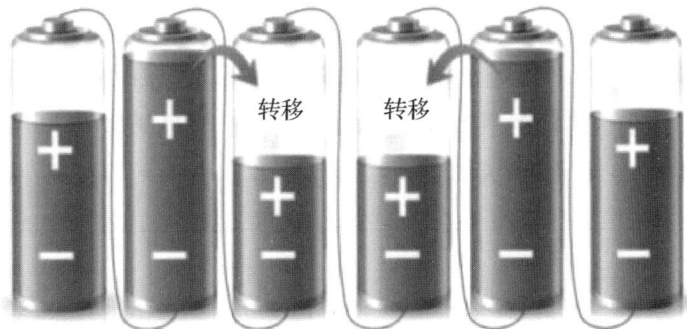

图 6-1　主动均衡

主动均衡的核心目标是降低电池组内电池单体之间的不一致性，特别是它们的 SOC 和能量差异。

主动均衡启动的条件具体如下。

主动均衡在 BMS 中是一个重要功能，用于保持电池组内电池单体之间的一致性，延长电池组的使用寿命。不管车辆处于充电、行驶还是静置状态，当电压差大于 BMS 设定的阈值时主动均衡便开始启动，所以只要有电压差存在，主动均衡就会 24h 进行，直到电压差小于设定的阈值时才停止。主动均衡启动的条件通常基于以下几个关键因素。

1. SOC 的不一致性

当电池组内电池单体的 SOC 差异超过设定的阈值时，主动均衡会启动。这个阈值由 BMS 根据电池组的设计和性能要求来设定，一般在 2%～5%。

2. 充电过程

在大多数情况下，主动均衡在电池组充电过程中启动。这是因为充电时更容易控制能量的重新分配，将高 SOC 的电池单体的多余能量转移到低 SOC 的电池单体中。

3. 电压差阈值

当检测到电池单体间的电压差超过设定的阈值时，主动均衡会启动。这个阈值的设定考虑了电池的电压特性、均衡效率和能耗等。

4. 充/放电循环次数

在进行一定次数的充/放电循环后，BMS 可能会自动触发一次主动均衡，以补偿由电池老化、使用习惯等引起的不一致性增大。

5. 电池温度

虽然电池温度不是直接启动条件，但是一个重要因素，因为温度影响电池的性能，在极端温度条件下主动均衡策略可能会被调整或限制。

综上所述，主动均衡的启动是由 BMS 根据电池组的实时状态和预设规则自动判断和执行的，目的是通过动态调整电池单体的电量，确保电池组的性能和使用寿命。

五、被动均衡

BMS 中的被动均衡（见图 6-2）是一种降低电池组内电池单体之间不一致性（主要是 SOC 的不一致性）的方法。与主动均衡相比，被动均衡采取的是被动、间接的手段。下面是对被动均衡的工作原理、特点、优缺点及应用场景的概述。

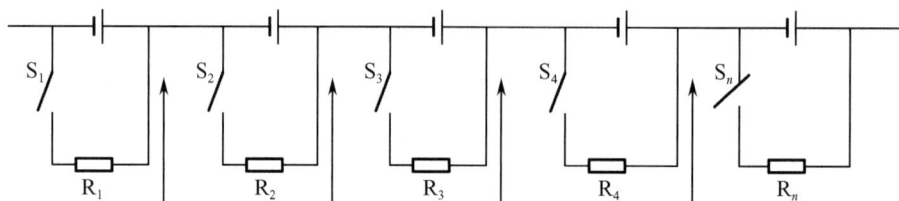

图 6-2 被动均衡

（一）工作原理

被动均衡主要通过电阻消耗电池组中高 SOC 的电池单体多余的电能来减少电池单体间电压或 SOC 的差异。当检测到电池组中某些电池单体的电压高于设定的阈值时，BMS 通过开关器件将这部分电池单体与一个或多个电阻相连，使多余的电能以热能的形式散失，达到均衡目的。

（二）特点

1. 结构简单

相较于主动均衡，被动均衡结构简单，成本较低，维护简便。

2. 消耗能量

被动均衡是以能量消耗为代价实现均衡的，效率相对较低，因为均衡过程中消耗的电能

会不可逆地转化为热能。

3. 控制策略相对简单

被动均衡的控制策略相对简单，通常在电池充电后或静置时进行，因为此时电池处于相对稳定的状态，易于控制。

4. 适用范围较小

被动均衡适用于电池组内电池单体之间的不一致性较小或对均衡效率要求不高的场景。

引导问题5：

请查阅相关资料，简述在电池组内各电池单体上附加一个并联均衡电路有什么作用。这种方法有什么优点和缺点？

（三）优缺点

1. 优点

（1）成本低：不需要额外的电能转换设备，成本较低。

（2）维护简便：系统结构简单，故障率较低，维护成本低。

2. 缺点

（1）能效低：均衡过程中能量损失大，效率低。

（2）均衡速度慢：均衡过程依赖电池自身放电，均衡速度相对较慢。

（3）温升问题：电能转换为热能，可能使电池组的温度升高，影响电池组的使用寿命。

（四）应用场景

被动均衡因成本较低和结构简单而常应用于对均衡效率要求不高、对成本敏感的系统中，如小型储能系统、部分低端电动汽车、电动自行车等。追求高性能、强续航能力的高端电动汽车更倾向于采用主动均衡或主动均衡与被动均衡相结合的策略，以达到更好的电池管理效果。

六、常用电池均衡策略

（一）并联电阻均衡法

并联电阻均衡法是传统的被动均衡方法。当电池组中某个电池单体率先达到满充状态时，并联在其两端的电阻会产生热量，通过电阻消耗多余的电能来实现均衡。这种方法简单，但效率较低，因为电阻消耗的电能变成了不可用的热能。

（二）主动转移能量均衡法

主动转移能量均衡法是指通过电力电子器件（如双向 DC/DC 转换器、开关电容/电感网络），将高能量电池单体（或电池模组）的能量转移到低能量单元，实现能量动态调配。典型

效率可达 80%～95%，显著优于被动均衡，但需要复杂的电路设计（如多级开关控制、EMC优化）和较高的成本（器件、控制器、散热）。该方法适用于对电池寿命与性能要求严苛的场景，如电动汽车与储能系统。

（三）电容均衡法

电容均衡法是指先利用电容器吸收高电压电池单体的多余能量，再在适当的时候将能量释放给低电压电池单体。通过这种方法可以实现能量的缓存和转移，但由于电容器体积和成本的限制，这种方法一般用于较小规模的电池组。

（四）智能充电算法均衡法

智能充电算法均衡法是指通过 BMS 实现精细化的充电控制，通过调整各电池单体的充电电流或电压，让电池单体以适合各自状态的充电速度充电，间接实现均衡。应用这种方法时需要高度精确的电池监测和控制系统。

（五）局部放电均衡法

局部放电均衡法是指通过在高电压电池单体上施加短暂的反向脉冲，使其放电，来减少高电压电池单体的 SOC，使其与其他电池单体的 SOC 接近，从而实现均衡。

（六）开关电容或电感均衡法

开关电容或电感均衡法是指将开关电路和储能元件组成特殊的拓扑结构，通过能量在电池组内的循环来实现电池单体间的能量平衡。

BMS 由单片机控制，电池单体都有独立的模块。模块根据设定的程序，分别对各电池单体进行充电管理，充电完成后自动断开。

任务二　更换动力电池模组

动力电池模组更换

◎　**任务引入**　◎

新能源汽车的动力电池模组通常由多个电池单体串联或并联组成，提供车辆运行所需的电能。随着时间的推移，动力电池的容量可能会下降，影响车辆的续航能力，或者动力电池因故损坏而需要更换。此外，先进的电池技术不断推出，旧款车型的用户可能为了提升动力电池的性能而选择升级动力电池模组。

◎　**任务目标**　◎

1. 掌握动力电池拆卸的注意事项。

2. 掌握动力电池拆卸和安装的步骤。

3. 具备拆卸与安装动力电池模组的能力。

4. 在需要多人合作的实训任务中感受团队精神的重要性。

◎　**知识链接**　◎

引导问题 1：

请查阅相关资料，简述在动力电池拆卸和安装过程中有哪些禁止行为。

一、动力电池拆卸注意事项

在拆卸动力电池时，需要遵循一系列安全规程和注意事项，以确保操作的安全性和电池的正确处理。以下是一些关键的注意事项。

（一）安全设备保护

在拆卸动力电池时，必须穿戴合适的个人防护设备，如防护眼镜、绝缘手套和防护服等，以保护操作人员免受伤害。

（二）电池的容量问题

铅酸蓄电池和锂离子电池在工作电压和容量相同的情况下，更换是可行的，但要考虑电池的大小是否仍然可以安装在原始位置，会不会凸出或被挤压，因为挤压和受潮会造成电池内部损坏发生短路故障。

（三）断电操作

在拆卸动力电池前，必须切断动力电池的高压连接，并确保继电器处于断开状态；拆卸时要先拆下负极端子连接线，其原因是负极连接车体，如果先拆正极，则在拆负极时工具碰触金属体会造成电池短路，严重时会发生电池爆炸，安装时则反之。

（四）专业监护

高压部件的调试、检修及带电组装作业建议专职人员在场，以监督作业全过程，并确保作业安全。

（五）工具和劳保用品

操作人员必须使用合适的工具，并穿戴必要的劳保用品，如绝缘手套、绝缘胶鞋等，其电压等级必须大于需要测量的最高电压。

（六）妥善处理电线

要妥善处理拆卸的高低压系统电线，包好裸露的电线头，以防触电或其他事故发生。

（七）无电操作

原则上不允许带电操作，使用测量仪器时，应确保至少有一根表笔线配备绝缘鳄鱼夹，并且只能用一只手操作。

（八）存储要求

电池包存储场地要求干燥通风，无腐蚀性气体，远离火源和热源。存储环境的温度和湿度也有特定要求，并且应定期对电池包充电。

（九）专用工具

在拆卸动力电池的过程中应使用专用工具，并按照汽车制造商的指导手册进行操作；要注意避免电池包磕碰及跌落，并使用起重设备进行操作。

引导问题2：

请查阅相关资料，简述动力电池拆卸步骤。

二、动力电池拆卸步骤

（一）预处理

在拆卸电池包之前，需要对电池包进行预处理，包括检查电池包的绝缘电阻值和内部温度，确保无热失控现象。

（二）绝缘操作

操作人员应穿戴高压操作防护服、劳保鞋（高压绝缘鞋）、双层绝缘手套、安全帽，并确保操作台与地面绝缘。

（三）放电操作

使用放电设备将电池放电至30%以下的SOC。

放电工装的使用

（四）外部附属件拆除

使用相关棘轮扳手及套筒拆除固定电箱的螺栓，移除外部附属件。

（五）电池包拆卸

先拆除箱体间的线束及水冷管路，再拆除固定托架与电池包的螺栓，将电池包从托架上

移开。

（六）上箱盖拆卸

先拆除平衡阀、MSD 型号螺栓、一体化面板锁紧螺栓和上盖锁紧螺栓，然后取出上箱盖。

（七）线束拆卸

首先，为确保安全及避免短路，需对所有铝排缠绕上绝缘胶带进行保护。然后，进行电池组连接铝排螺栓的拆卸工作，确保螺栓完全取下。接着，断开 FPC（柔性扁平电缆）的插接连接，这一步骤需小心操作以防损坏插接件。最后，使用合适的工具剪断电芯之间连接的铝排，完成线束及插接件的拆解过程。

（八）取出电池单体

打开壳体上盖后，清除上盖和电池单体之间的连接胶，移除电池单体上部的极板，清除电池单体之间的连接胶，取出电池单体。

（九）电池模块拆卸

使用绝缘楔形块和塑胶锤分离电池单体间的结构胶连接，将电池单体与电池包箱底部的结构胶分离，取出电芯。

（十）安全措施

在进行高压部件的调试、检修及带电组装作业时，建议设立专职监护人，由专职监护人监督作业全过程，并确保作业安全。操作人员必须穿戴必要的劳保用品，如绝缘手套、绝缘胶鞋等，其电压等级必须大于需要测量的最高电压。在拆卸过程中，使用的工具包括真空模组举升器、手持式砂轮机或扭力扳手等。

（十一）特别注意

在拆卸过程中，要注意避免与电芯接触造成短路，以及防止线束与其他结构件缠绕引起短路。

任务三　完成动力电池标定

◎　任务引入　◎

随着新能源汽车的快速发展，动力电池作为电动汽车的核心部件，其性能直接影响车辆的续航里程、安全性及用户体验。电池标定是确保电池系统高效、稳定运行的基础，它涵盖

了电池单体、电池模组到电池包的性能测试与参数优化，包括但不限于 SOC 估算、SOH 评估、充/放电特性和热管理策略的设定等。

◎ **任务目标** ◎

1. 了解动力电池容量标定的意义。
2. 掌握动力电池 SOC 标定的方法。
3. 具备完成动力电池模组均衡操作的能力。
4. 通过高铁的发展了解"中国速度"，牢固坚定"四个自信"。

◎ **知识链接** ◎

引导问题 1：
请查阅相关资料，简述通过哪些方法可以标定动力电池容量。

一、动力电池容量标定

对于电动汽车来说，核心部件是动力电池，大家经常会看到动力电池上有对电池容量的描述，那么如何标定电动汽车的动力电池容量呢？动力电池容量标定是一个关键的测试过程，确保 BMS 能够准确地监测和控制电池的充/放电状态。下面是动力电池容量标定的一些关键步骤和应考虑的因素。

1. 电池充电

首先，电池需要充电至额定电压或达到满充状态。这一步骤是为了确保电池有足够的能量进行后续的容量测试。

2. 恒流放电

接下来，电池会以一个恒定的电流放电，直到达到一个预设的放电截止电压。放电电流通常是根据电池的额定容量来确定的，即 1C 放电倍率。

3. 记录放电曲线

在放电过程中，需要记录电池的电压和放电电流随时间的变化，以形成放电曲线。此曲线对于确定电池的实际容量至关重要。

4. 计算容量

电池的实际容量可以通过对放电曲线下的面积进行积分来计算。这通常涉及对放电期间电流与时间乘积的积分。

5. SOC 与 OCV 之间的关系

在标定过程中，需要建立电池的 SOC 与 OCV 之间的关系。这是因为 BMS 通常根据 OCV 来估算 SOC。

6. 温度补偿

由于电池性能受温度的影响，因此在标定过程中需要考虑温度的变化，并进行适当的补偿。

7. 循环测试

为了验证电池的一致性和可靠性，在标定过程中可能需要在不同的温度和放电倍率下重复进行测试。

8. 数据拟合

使用数学模型和算法对收集到的数据进行拟合，以准确预测电池在不同工作条件下的性能。

9. 标定结果验证

通过与电池制造商提供的规格和从其他独立测试中获得的数据进行比较，验证标定结果的准确性。

10. BMS 参数调整

根据标定结果，可能需要对 BMS 的参数进行调整，以确保其能够准确地反映电池的状态。

动力电池容量标定是一个复杂的过程，需要精确的测量和复杂的数据分析。它对于确保电池安全、延长电池使用寿命及优化电动汽车的性能至关重要。

二、动力电池 SOC 标定

动力电池 SOC 标定是确保 BMS 能够准确估计电池剩余电量的重要环节。通过精确的动力电池 SOC 标定，可以显著提高 BMS 的性能。

我们以三元锂电池为例，介绍动力电池 SOC 标定电压，如表 6-1 所示。

表 6-1 动力电池 SOC 标定电压（以三元锂电池为例）

SOC/%	温 度						
	−20℃	−10℃	0℃	10℃	20℃	30℃	40℃
0	3.584	3.533	3.498	3.466	3.426	3.367	3.282
1	3.587	3.539	3.507	3.476	3.438	3.384	3.309
2	3.590	3.546	3.514	3.485	3.449	3.400	3.334
3	3.593	3.551	3.522	3.493	3.460	3.415	3.357
4	3.596	3.557	3.528	3.501	3.470	3.430	3.378
5	3.598	3.562	3.535	3.509	3.480	3.443	3.398
6	3.601	3.567	3.541	3.516	3.489	3.456	3.417
7	3.604	3.571	3.546	3.523	3.498	3.468	3.434
8	3.606	3.575	3.552	3.530	3.506	3.479	3.449
9	3.609	3.579	3.557	3.536	3.513	3.489	3.464
10	3.612	3.583	3.561	3.541	3.521	3.498	3.477
11	3.614	3.586	3.566	3.547	3.528	3.507	3.489

续表

SOC/%	温　度						
	−20℃	−10℃	0℃	10℃	20℃	30℃	40℃
12	3.617	3.590	3.570	3.552	3.534	3.516	3.500
13	3.619	3.593	3.574	3.557	3.540	3.524	3.510
14	3.622	3.596	3.578	3.562	3.546	3.531	3.520
15	3.625	3.599	3.581	3.566	3.552	3.538	3.528
16	3.627	3.602	3.584	3.570	3.557	3.544	3.536
17	3.630	3.604	3.588	3.574	3.562	3.550	3.543
18	3.633	3.607	3.591	3.578	3.567	3.556	3.549
19	3.636	3.610	3.594	3.582	3.571	3.561	3.555
20	3.639	3.612	3.597	3.586	3.576	3.566	3.561
21	3.642	3.615	3.600	3.589	3.580	3.571	3.566
22	3.645	3.618	3.603	3.593	3.584	3.576	3.571
23	3.648	3.620	3.605	3.596	3.588	3.580	3.575
24	3.652	3.623	3.608	3.599	3.592	3.584	3.579
25	3.655	3.626	3.611	3.602	3.595	3.588	3.583
26	3.659	3.629	3.614	3.606	3.599	3.592	3.586
27	3.662	3.631	3.617	3.609	3.602	3.595	3.590
28	3.666	3.634	3.619	3.612	3.606	3.599	3.593
29	3.670	3.637	3.622	3.615	3.609	3.602	3.596
30	3.674	3.641	3.625	3.618	3.613	3.606	3.599
31	3.678	3.644	3.628	3.621	3.616	3.609	3.602
32	3.682	3.647	3.632	3.625	3.619	3.613	3.605
33	3.687	3.651	3.636	3.628	3.623	3.616	3.608
34	3.691	3.654	3.638	3.631	3.626	3.619	3.611
35	3.696	3.658	3.641	3.635	3.630	3.623	3.615
36	3.700	3.662	3.645	3.638	3.633	3.626	3.618
37	3.705	3.666	3.649	3.462	3.637	3.630	3.621
38	3.710	3.670	3.655	3.646	3.641	3.634	3.624
39	3.717	3.674	3.656	3.649	3.645	3.637	3.629
40	3.720	3.679	3.660	3.653	3.648	3.641	3.632
41	3.725	3.683	3.665	3.657	3.652	3.645	3.636
42	3.731	3.688	3.669	3.662	3.657	3.649	3.640
43	3.736	3.693	3.674	3.666	3.661	3.654	3.644
44	3.742	3.698	3.678	3.670	3.665	3.658	3.648
45	3.748	3.703	3.683	3.675	3.670	3.663	3.653
46	3.753	3.709	3.688	3.680	3.675	3.667	3.658
47	3.759	3.714	3.694	3.685	3.679	3.672	3.663

SOC/%	温　度						
	−20℃	−10℃	0℃	10℃	20℃	30℃	40℃
48	3.765	3.920	3.669	3.690	3.685	3.667	3.668
49	3.772	3.732	3.711	3.701	3.690	3.683	3.674
50	3.778	3.732	3.711	3.701	3.695	3.688	3.679
51	3.784	3.738	3.716	3.707	3.701	3.694	3.685
52	3.791	3.745	3.723	3.713	3.707	3.700	3.691
53	3.797	3.751	3.729	3.719	3.713	3.706	3.698
54	3.804	3.758	3.735	3.725	3.719	3.712	3.704
55	3.810	3.765	3.742	3.732	3.725	3.718	3.711
56	3.817	3.772	3.749	3.738	3.732	3.725	3.718
57	3.824	3.779	3.856	3.745	3.748	3.732	3.725
58	3.831	3.768	3.764	3.752	3.745	3.739	3.733
59	3.838	3.749	3.771	3.760	3.753	3.746	3.741
60	3.845	3.801	3.779	3.767	3.760	3.765	3.748
61	3.853	3.809	3.786	3.775	3.768	3.762	3.756
62	3.860	3.817	3.794	3.793	3.775	3.770	3.765
63	3.867	3.825	3.803	3.791	3.784	3.778	3.773
64	3.875	3.883	3.811	3.799	3.792	3.786	3.782
65	3.882	3.842	3.820	3.807	3.800	3.795	3.791
66	3.890	3.850	3.828	3.816	3.809	3.803	3.800
67	3.898	3.859	3.837	3.825	3.818	3.812	3.809
68	3.905	3.867	3.846	3.834	3.827	3.821	3.818
69	3.913	3.876	3.855	3.843	3.836	3.831	3.827
70	3.921	3.885	3.865	3.853	3.845	3.840	3.837
71	3.929	3.894	3.874	3.862	3.855	3.850	3.847
72	3.937	3.903	3.844	3.875	3.865	3.860	3.857
73	3.945	3.913	3.893	3.882	3.875	3.870	3.867
74	3.953	3.922	3.903	3.892	3.885	3.880	3.877
75	3.962	3.931	3.913	3.902	3.895	3.890	3.887
76	3.970	3.941	3.923	3.912	3.905	3.901	3.897
77	3.978	3.950	3.933	3.923	3.916	3.911	3.908
78	3.987	3.960	3.944	3.933	3.927	3.922	3.919
79	3.995	3.970	3.954	3.944	3.938	3.933	3.929
80	4.004	3.980	3.964	3.955	3.949	3.944	3.940
81	4.012	3.990	3.975	3.966	3.960	3.995	3.951
82	4.021	4.000	3.986	3.977	3.971	3.967	3.962
83	4.030	4.010	3.996	3.988	3.982	3.978	3.973

SOC/%	温度						
	−20℃	−10℃	0℃	10℃	20℃	30℃	40℃
84	4.039	4.020	4.007	3.999	3.994	3.990	3.985
85	4.048	4.030	4.018	4.010	4.005	4.013	4.008
86	4.057	4.040	4.029	4.021	4.017	4.013	4.008
87	4.066	4.050	4.040	4.033	4.028	4.025	4.019
88	4.075	4.061	4.050	4.044	4.040	4.036	4.031
89	4.085	4.071	4.061	4.055	4.051	4.048	4.043
90	4.094	4.082	4.072	4.066	4.063	4.060	4.055
91	4.104	4.092	4.083	4.079	4.076	4.073	4.067
92	4.114	4.102	4.094	4.090	4.088	4.085	4.080
93	4.124	4.113	4.105	4.101	4.099	4.097	4.092
94	4.134	4.123	4.116	4.113	4.111	4.109	4.105
95	4.144	4.134	4.127	4.124	4.123	4.122	4.118
96	4.155	4.145	4.138	4.135	4.134	4.134	4.131
97	4.165	4.156	4.149	4.146	4.146	4.146	4.145
98	4.176	4.166	4.160	4.157	4.157	4.159	4.158
99	4.187	4.177	4.171	4.168	4.169	4.171	4.172
100	4.197	4.187	4.181	4.178	4.179	4.182	185

引导问题2：

请查阅相关资料，简述动力电池容量标定错误出现的原因和可能的后果。

三、动力电池容量标定错误

动力电池容量标定错误可能源于多种因素，直接影响新能源汽车的续航里程显示、充电策略和 BMS 对电池状态的准确判断。

（一）概述

我们观察到车辆仪表所显示的续航里程存在异常现象，同时充电行为也表现出不寻常。例如，电池迅速达到满电状态，但实际行驶里程并未相应提升。为了排查问题，我们通过 BMS 读取并记录电池包的总电压、电池单体的电压、电流、温度等数据，以便进一步分析故障原因。

（1）容量标定错误：对电池包的容量、当前电池组的 SOC 未进行标定匹配引起的错误。

（2）容量标定错误导致的结果：车辆的续航里程与当前电池组的 SOC 不匹配，若情况严重，则会出现续航里程跳变或司机误判续航里程导致车辆抛锚。

（二）处理方法

动力电池容量标定错误可能是由多种因素引起的，包括电池的不一致性、测量设备的误差、标定方法不准确等。处理动力电池容量标定错误的方法需要细致而专业的步骤，确保 BMS 正确管理电池组的性能。下面是一些关键的处理步骤。

1. 放电充电

在条件允许的情况下，我们应使用充电柜对车辆执行以下操作。

（1）放电阶段：将车辆连接到充电柜，并进行放电操作，直至车辆自动切断动力供应。这一步骤是为了确保电池内的电量能够完全释放，便于后续的充电测试。

（2）充电阶段：继续利用充电柜对车辆进行充电，直至其电池状态指标达到 100%。此步骤旨在验证车辆在充满电后的性能表现，以及 BMS 是否能够准确反映电池的充电状态。

2. 重新校准

如果发现动力电池容量标定存在误差，可以通过重新校准来纠正。这通常涉及将动力电池完全充电和放电，以确定其真实容量。

3. 检查测量设备

确保所有测量设备，包括电流传感器和温度传感器，都经过校准并且工作正常。设备的任何误差都可能导致动力电池容量标定错误。

4. 数据采集模块检查

如果 SOC 显示异常，如 SOC 变化幅度大或反复跳变，则需要检查数据采集模块是否能正常工作，如果有必要，则需要进行更换。

5. 深度充/放电

对电池进行一次深度充/放电，以重置电池的化学状态并提高标定的准确性。

6. 软件和估算算法优化

更新 BMS 程序，优化 SOC 估算算法，确保 BMS 能够根据电池的实际行为准确地跟踪电池的容量。

7. 电池一致性管理

通过电池均衡技术改善电池单体间的一致性，减少由电池不一致性导致的容量标定错误。

8. 环境因素控制

控制标定过程中的环境因素，如温度，温度变化会影响电池的性能和标定结果。

9. 故障诊断

使用故障诊断工具检查电池系统及 BMS，查找可能导致容量标定错误的具体故障点。

10. 线束和连接检查

检查电池和 BMS 之间的所有连接情况和线束，确保没有接触不良或线束损坏的情况。

11. 厂商指导

遵循电池制造商提供的指导和建议，他们可能会提供针对特定类型电池的容量标定程序

和故障排除步骤。

12. 专业培训

确保操作人员接受了专业培训，能够理解容量标定过程和相关故障的影响，以及能够正确进行容量标定。

13. 记录和分析

记录容量标定过程中的所有数据，并通过数据分析法对 BMS 存储的数据进行分析，找出可能的误差来源。

项目实施

一、岗位派工

为达到控制要求，本项目引入如下岗位，请各小组成员分别扮演其中一个岗位角色，参与项目实施。各岗位工作任务如表 6-2 所示，请各岗位人员按要求完成任务并在实训工单六中做好记录。

表 6-2 各岗位工作任务

岗 位 名 称	角 色 任 务
故障诊断工程师	使用专业诊断工具读取 BMS 数据，分析故障代码，确定电池模组异常的具体表现
高压安全监督员	确保所有检修操作符合高压安全规程，监督工作人员正确穿戴个人防护装备； 检查高压隔离和接地措施，确保操作环境安全
电池模组拆装技师	在高压安全监督员的指导下，负责电池模组的拆卸和安装工作，确保无损拆装； 检查电池模组的外部结构、连接件、固定装置等，评估物理损伤
电池单体检测技师	使用专业设备对电池单体的电压、内阻、温度等关键参数进行检测，识别发生故障的电池单体； 执行电池单体的均衡操作，必要时更换发生故障的电池单体
BMS 工程师	负责 BMS 软件的故障排除，包括软件更新、参数调整、故障代码清除； 优化 BMS 控制策略，使 BMS 适应修复后的电池模组的状态
质量监督员	负责整个检修项目的质量监督工作，确保项目质量符合相关标准和要求

二、技术认知

新能源汽车动力电池模组检修项目的实施是一项复杂的技术密集型工作，涉及多个阶段和专业人员的协作。下面是详细的项目实施流程。

1. 项目启动与准备

（1）任务分配：根据检修需求，明确各岗位人员，包括故障诊断工程师、高压安全监督员、电池模组拆装技师、电池单体检测技师、BMS 工程师、质量监督员。

（2）安全培训：对各岗位人员进行高压安全操作规程培训，确保作业安全。

（3）工具与设备准备：准备必要的工具和设备，如绝缘工具、电池检测仪、BMS 诊断工

具、专用拆装工具等。

2．故障诊断与初步检查

（1）故障记录：收集客户反馈的故障现象，记录车辆行驶数据和 BMS 报警信息。

（2）数据采集：使用诊断工具读取 BMS 数据，分析电池模组的电压、电流、温度等关键参数。

（3）初步分析：根据 BMS 数据和故障代码，初步判断发生故障的原因，如电池单体故障、BMS 故障、冷却系统问题等。

3．电池模组拆卸与详细检测

（1）安全隔离：在高压安全监督员的监督下进行高压隔离，确保作业区域安全。

（2）电池模组拆卸：电池模组拆装技师按照规定程序安全拆卸电池模组。

（3）物理检查：检查电池模组的外观、连接件、电池单体有无损伤、腐蚀等异常情况。

（4）电池单体检测：使用专业设备对电池单体的电压、内阻、温度等进行详细检测。

4．故障处理

（1）故障修复：针对诊断出的问题进行处理，如更换发生故障的电池单体、修复或更换损坏的电气部件、调整 BMS 的参数等。

（2）系统校准：BMS 工程师调整或重新编程 BMS，确保其与修复后的电池模组兼容。

（3）均衡处理：对电池模组进行均衡，确保各电池单体的一致性。

5．电池模组组装与性能测试

（1）安全组装：按照原厂标准重新组装电池模组，确保所有连接正确、紧固。

（2）性能测试：进行充/放电测试、热管理测试、BMS 功能验证等，确保电池模组的性能已恢复。

（3）数据记录：记录测试数据，与维修前的数据进行对比，评估维修效果。

6．安全检查与质量检验

（1）安全检查：高压安全监督员进行安全检查，确保无安全隐患。

（2）质量检验：质量监督员对维修质量进行审核，确保符合标准。

（3）客户交付：向客户报告维修详情，解释维修成果，令客户满意。

7．项目总结与反馈

（1）文档整理：整理维修报告，记录故障原因、维修过程、使用的零件等信息。

（2）经验分享：在团队内部分享维修经验，提出改进建议，优化未来作业流程。

（3）客户回访：进行客户回访，收集反馈意见，持续提升服务质量。在整个项目实施过程中，应强调团队合作、严格遵守操作规程，确保作业安全高效，同时注重客户体验和满意度。

三、考核评分

完成任务后，由质量监督员和教师分别进行任务评价，并填写表 6-3。

表 6-3　任务评价表

项　目	评　分　点	配　分	质量监督员评分	教 师 评 分	备　注
理论知识掌握	电池的结构	5			
	性能参数	5			
	维修流程	10			
实操技能	电池模组的拆装、检测	10			
	电池模组的故障诊断、维修、更换	10			
数据分析能力	对故障诊断过程、修复步骤、使用的工具及材料的详细记录与分析能力	10			
故障诊断与处理	对维修或更换后的电池模组的性能测试结果进行评分，确保质量达到规定的标准	20			
职业素养	小组成员间沟通顺畅	3			
	小组有决策计划	5			
	小组内部各岗位分工明确	2			
	操作完成后，工位上无垃圾	5			
	职业操守好，完工后工具和配件摆放整齐	5			
安全事项	在安装过程中，无损坏元器件及人身伤害现象	5			
	在通电调试过程中，无短路现象	5			
评分合计					

实训工单六　新能源汽车动力电池模组检修

一、接受任务

以下是一个示例性的实训工单，用于指导技术人员进行新能源汽车动力电池模组检修。按照规范作业要求完成新能源汽车动力电池模组检修的操作步骤，完成数据采集并记录。

二、制订计划

根据前面所了解的知识和在小组内部讨论的结果制定工作方案，指定负责人，落实各项工作，如任务实施前的准备工作、实施过程中的主要操作及协助支持工作、实施过程中相关要点和数据的记录工作等，工作计划表如表 6-4 所示。

表 6-4　工作计划表

步　骤	工 作 内 容	负 责 人
1		
2		
3		
4		
5		

根据计划完成学生任务分配，如表 6-5 所示。

表 6-5 学生任务分配表

班级		组号		指导教师	
组长		学号			
组员分配					
信息员			学号		
操作员			学号		
记录员			学号		
安全员			学号		
任务分工					

三、任务实施

（一）新能源汽车动力电池模组拆卸与安装

项目名称	新能源汽车动力电池模组拆卸与安装				
派工岗位		施工地点		施工时间	
学生姓名		班级		学号	
班组名称		同组成员			
实训目标	1. 掌握动力电池模组的安全拆卸与安装流程。 2. 熟悉动力电池系统的基本构造及各部件功能。 3. 提升在操作高压系统时的安全意识和规范操作能力。				

一、实训设备与材料

1. 高压绝缘手套。
2. 高压绝缘鞋。
3. 防护眼镜。
4. 绝缘工具套装。
5. 专用拆卸工具。
6. 新能源汽车维修手册。
7. 动力电池模组拆装作业指导书。
8. BMS 诊断工具。
9. 安全警示标识。

二、实训步骤

1. 准备工作
确认车辆停稳，断开高压系统，穿戴好个人防护装备。
设置安全警示标识，确保作业区域无无关人员进入。
使用 BMS 诊断工具读取电池状态，记录当前数据。
2. 高压系统放电
按照新能源汽车维修手册的指导进行高压系统放电，确保作业安全。
3. 电池包外壳检查
检查电池包外壳是否有损伤，标识是否清晰可见。

续表

4. 电池模组拆卸

使用专用工具，按照动力电池模组拆装作业指导书逐步拆卸电池模组的固定螺钉。

断开电池模组间的电气连接，注意保护接头，避免其损坏。动作轻柔地移除电池模组，并将其放置在指定的防静电工作台上。

5. 电池模组检查与维护

对电池模组进行外观检查，记录任何损伤。

使用检测设备检查电池单体的状态，包括电压、内阻等。

根据需要进行电池单体均衡或更换发生故障的电池。

6. 电池模组安装

将检查和维护后的电池模组按照原路径装回电池包中，确保电气连接正确无误。

固定电池模组，使用扭矩扳手按照规定扭矩拧紧螺钉。

恢复电池包外部连接，检查并确认无遗漏。

7. 系统复位与测试

重新连接高压系统，使用 BMS 诊断工具进行系统复位。

执行电池包的自检程序，确认所有系统功能正常。

进行充/放电测试，记录数据，与拆卸前的数据进行对比分析。

8. 作业收尾

清理作业现场，归还工具与设备。

撤除安全警示标识，确保车辆可安全移出作业区域。

完成实训报告，记录实训过程、发现的问题及解决方法。

三、安全注意事项

1. 作业全程应穿戴完整的个人防护装备。

2. 确保作业前高压系统已完全放电。

3. 遵循高压作业安全规程，不得擅自触碰高压部件。

4. 在作业中如果遇不明情况，则应立即停止操作并寻求指导。

四、结果讨论

1. 检查与测试：

2. 功能验证：

续表

3．数据记录：记录操作过程中的所有重要数据。	
五、遇到的问题及解决措施	
遇到的问题： 解决措施：	
六、收获与反思	
我的收获： 我的反思：	
七、综合评分	

（二）新能源汽车动力电池模组均衡

项目名称	新能源汽车动力电池模组均衡				
派工岗位		施工地点		施工时间	
学生姓名		班级		学号	
班组名称		同组成员			
实训目标	1．熟悉动力电池模组均衡的基本原理，明确其重要性。 2．掌握动力电池模组均衡的实施步骤和操作流程。 3．学会使用 BMS 进行均衡控制和数据监测。 4．提高对动力电池的状态进行监控和维护的能力。				

一、实训设备与材料
1. 完备的新能源汽车。 2. 能正常运行的动力电池系统。 3. 电池检测仪。 4. BMS 诊断工具。 5. 计算机（用于连接 BMS）。 6. 绝缘工具。 7. 高压绝缘手套。 8. 高压绝缘鞋。 9. 防护眼镜。
二、实训步骤
1. 安全教育与准备 参训人员了解并熟知高压安全操作规程，做好个人防护准备。 断开车辆电源，确保动力电池系统处于安全状态。 连接 BMS 诊断工具，读取电池模组当前的状态参数。 2. 数据采集与分析 通过 BMS 读取电池模组内各电池单体的电压、温度、SOC 等数据。 分析数据，判断是否存在明显的电池单体的不一致性。 3. 动态均衡操作 根据 BMS 操作手册，启用/配置电池模组的均衡功能。 监控均衡过程，观察并记录电池单体参数的变化情况。 4. 主动均衡实训（如果有配备） 启动主动均衡功能，通过 BMS 将高 SOC 的电池单体的部分能量转移到低 SOC 的电池单体。 观察并记录均衡前后电池单体的电压、SOC 变化情况。 5. 被动均衡实训（如果有配备） 了解被动均衡原理，观察在充电或放电过程中，电池模组是如何通过电阻耗散等方式实现均衡的。 分析在被动均衡过程中电池单体的温度变化及 SOC 的收敛情况。 6. 均衡效果评估 均衡结束后，再次读取并记录电池单体的各项参数，对比其均衡前后的变化。 根据变化情况评估均衡效果，调整均衡策略或参数（如果有必要）。 7. 安全检查与收尾工作 应确保所有高压操作已恢复到安全状态。 归纳总结实训过程，整理实训报告，包含操作步骤、数据记录及分析结论。
三、安全注意事项
严格遵守高压安全操作规程，确保操作过程中的人员安全。 在实训过程中若出现异常情况，则应立即停止操作并上报指导教师。
四、评估标准
1. 对故障进行诊断的操作步骤、数据记录及观察结果是准确的。
2. 能准确记录并分析测试数据，修复故障。

3. 遵守安全规定，无安全事故发生。
五、遇到的问题及解决措施
遇到的问题：   解决措施：
六、收获与反思
我的收获：   我的反思：
七、综合评分

四、评价反馈

（1）各小组代表展示 PPT，介绍任务的完成过程。

（2）以小组为单位，对各小组的操作过程与操作结果进行自评和互评，并将评价结果填入表 6-6 中的小组评价部分。

（3）教师对学生的工作过程与工作结果进行评价，并将评价结果填入表 6-6 中的教师评价部分。

表 6-6　实训评价表

班级		组号		姓名		学号	
实训任务							
评价项目		评价标准				分值	得分
小组评价	计划决策	制定的工作方案合理可行，小组成员分工明确				10	
	任务实施	能够正确检查并设立实训工位				5	
		能够准备和规范使用工具与设备				5	
		能够正确完成动力电池模组的拆卸与安装操作				20	
		能够正确识别并选择个人防护装备及操作工具				20	
		能够规范填写实训工单				10	
	任务达成	能按照工作方案进行操作，按计划完成工作任务				10	
	工作态度	认真严谨，积极主动，安全生产，文明施工				10	
	团队合作	小组成员积极配合，主动交流，协调工作				5	
	6S 管理	完成竣工检验，现场恢复				5	
		小计				100	
教师评价	实训纪律	不出现无故迟到、早退、旷课现象，不违反课堂纪律				10	
	方案实施	严格按照工作方案完成任务				20	
	团队协作	任务实施过程互相配合，协作度高				20	
	工作质量	能准确完成拆卸与安装动力电池模组的任务				20	
	工作规范	操作规范，三不落地，无意外事故发生				10	
	汇报展示	能准确表达，总结到位，改进措施可行				20	
		小计				100	
综合得分	小组评价得分×50%+教师评价得分×50%						

项目七　废旧动力电池梯次利用与资源化

◎ **知识目标** ◎

1. 理解不同类型动力电池的化学组成和材料特性。
2. 学习动力电池的生命周期，包括生产、使用、退役和回收阶段。
3. 掌握评估退役动力电池性能的方法。

◎ **能力目标** ◎

1. 能够运用物理、化学或生物方法从废旧动力电池中回收有价值的金属和材料。
2. 能够将退役动力电池集成到新的应用系统中，如储能系统、备用电源等。
3. 能够遵循环保法规，确保废旧电池的处理过程符合环境保护标准。

◎ **素质目标** ◎

1. 对新技术和新知识保持好奇心，愿意不断学习和自我提升，以适应行业发展的需求。
2. 鼓励创新，能够提出改进工作流程和提高电池回收效率的新想法。
3. 理解并尊重多元文化，同时在电池处理过程中展现出对社会和环境的责任感。

———— · ——— · ——///////// 项目导入 \\\\\\\\\\———— · ————

随着新能源汽车产业的快速发展，废旧动力电池的数量逐年增加，如果不妥善处理，不仅会造成环境污染，还会浪费宝贵的资源。废旧动力电池梯次利用是对已经不能满足电动汽车性能需求但仍有一定容量和性能的动力电池进行二次应用的过程，如将其用于储能系统、低速电动车、基站备电等场景，不仅可以延长电池的生命周期，还能节约新电池生产的资源投入。

本项目强调废旧动力电池处理对环境保护的重要性，使学生树立绿色发展的理念，并结合中国在废旧动力电池处理和资源化方面的成就，激发学生的爱国情感。

—·—·—·—·—·——/////////// 相关知识 \\\\\\\\——·—·—·—·—

任务一　了解废旧动力电池梯次利用与资源化

◎ **任务引入** ◎

作为新能源汽车的核心，动力电池的更新换代使许多动力电池被废弃。废旧动力电池大量丢弃于环境中，其中的酸、碱电解质溶液会使土壤和水系酸性化或碱性化。而汞、镉等重金属进入人类的食物链，会对人体产生危害，严重的甚至导致死亡。保护大自然人人有责，因此要合理地处理好废旧垃圾。

◎ **任务目标** ◎

1. 了解废旧动力电池回收企业的运行管理体系。
2. 了解废旧动力电池回收与拆解的注意事项。
3. 了解国家出台的动力电池回收相关政策对动力电池回收体系的影响。

◎ **知识链接** ◎

引导问题 1：

请查阅相关资料，简述什么是动力电池的梯次利用。

一、动力电池梯次利用与资源化的定义

（一）梯次利用的定义

梯次利用针对的是容量降低，无法使电动汽车正常运行，但是本身没有报废，仍可以通过其他途径继续使用的动力电池，如图 7-1 所示。对废旧动力电池进行必要的检测、分类、拆分、修复或重组，使其成为梯次产品，可应用于其他领域。这种做法可以延长电池的使用寿命，充分发挥其剩余价值，促进新能源消纳，缓解由退役动力电池体量大导致的回收压力，降低电动汽车的成本，带动新能源汽车行业的发展。

（二）动力电池的梯次利用

动力电池的梯次利用是指对从新能源汽车上退役下来但仍具有一定容量和循环寿命的动力电池，进行检测、筛选、重组与改造等一系列技术处理后，将其投放到对电池性能要求相对较低的领域继续使用的策略。例如，将其用于光伏储能、通信基站、后备电源等。废旧动

力电池梯次利用的流程如图 7-2 所示。

图 7-1　梯次利用

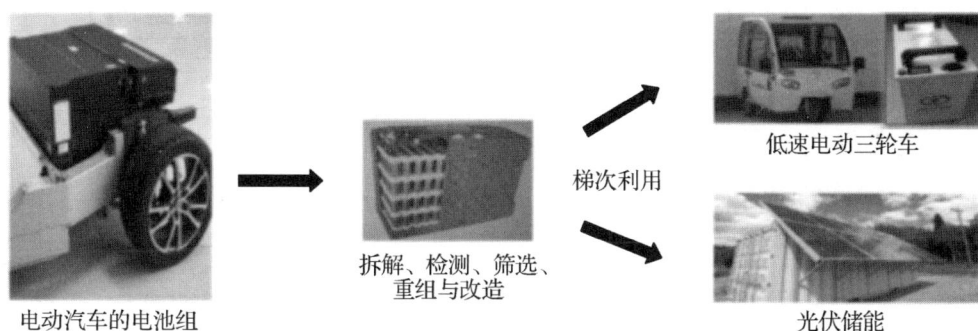

图 7-2　废旧动力电池梯次利用的流程

在动力电池的梯次利用过程中，首先会对退役动力电池进行性能检测，包括剩余容量、内阻、安全性能等指标；然后根据检测结果对退役动力电池进行分级，满足不同应用场合的需求。这些场合可能包括：

1. 储能系统

退役动力电池可用于电网侧储能、分布式储能电站、微电网储能等，提供调峰调频、削峰填谷等服务，缓解电力供需矛盾。

2. 备用电源

在通信基站、数据中心、UPS（不间断供电系统）等场景中，退役动力电池可以用作备用电源，确保电力供应的连续性和稳定性。

3. 低速电动车、电动叉车

由于低速电动车、电动叉车等对电池性能的要求相对较低，退役动力电池可以成为合适的选择。

4. 风光互补照明系统、家用离网储能

在风光互补照明系统、家用离网储能系统中，退役动力电池也可以实现再利用。

5. 电池热管理技术研发

部分退役动力电池还可用于电池热管理技术研发，如热管理试验平台的构建。为了实现

动力电池的有效梯次利用，还需要克服一些技术困难，如不同性能电池的匹配问题、BMS 的适配和优化、安全性保障，以及退役动力电池大规模利用后的监管和回收体系建设等。

（三）动力电池的资源化

当退役动力电池无法进行梯次利用时，需要对其进行拆解回收，将电极材料、电解液、隔膜和外壳包装等进行资源化分类处理，返回生产企业进行材料再制造。

废旧动力电池梯次利用与资源化流程如图 7-3 所示。

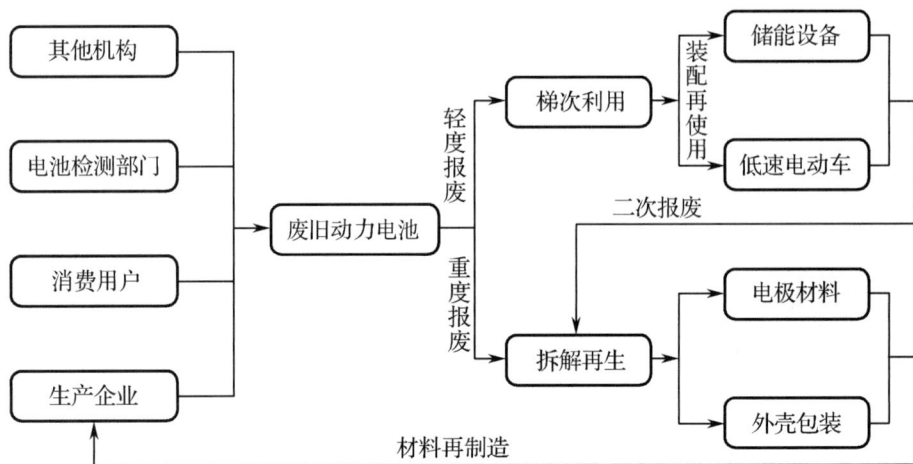

图 7-3　废旧动力电池梯次利用与资源化流程

二、退役动力电池梯次利用的背景

随着全球对新能源汽车的推广和应用，电动汽车的保有量快速增长，随之而来的是大量动力电池面临退役的问题。退役动力电池如果处理不当，可能会对环境造成污染，同时电池中含有的有价金属（如锂、钴、镍等）资源未能得到有效回收利用，造成资源浪费。新能源汽车动力电池平均使用寿命一般为 5～8 年，退役后动力电池仍然保有较高的剩余容量，可以通过梯次利用延长其使用寿命，降低电池成本，满足储能系统、低速电动车等领域对电池的需求。

为了推动动力电池的回收利用，各国政府出台了一系列政策和标准，鼓励和规范退役动力电池的梯次利用，以实现资源的最大化利用和环境保护。

（一）退役量分析

从电动汽车上退役的动力电池通常具有初始容量 60%～80% 的剩余容量，并且具有一定的使用寿命，磷酸铁锂动力电池使用寿命为 4～6 年，三元锂动力电池使用寿命为 2～4 年。我国新能源汽车于 2014 年开始普遍应用，在 2018 年迎来首个动力电池退役潮，预计到 2025 年动力电池退役量将达到 93GWh，如图 7-4 所示。随着动力电池退役潮的来袭，退役动力电

池回收及梯次利用会成为下一个"蓝海"。

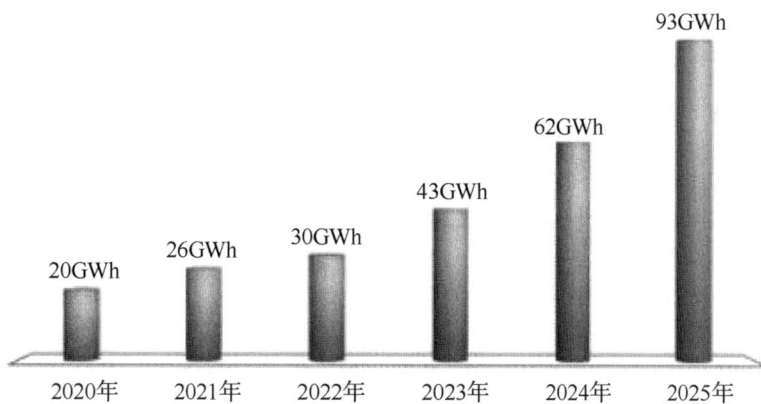

图 7-4　我国动力电池退役量分析

（二）退役动力电池梯次利用领域

从电动汽车上退役下来的动力电池，经过测试、筛选、重组等环节，完全可以继续满足分布式发电、微网、移动电源、后备电源、应急电源等中小型储能设备和大型商业储能及电网储能市场的需求。当退役动力电池无法进行梯次利用时，需要对其进行拆解回收，进行资源化处理，如图 7-5 所示。

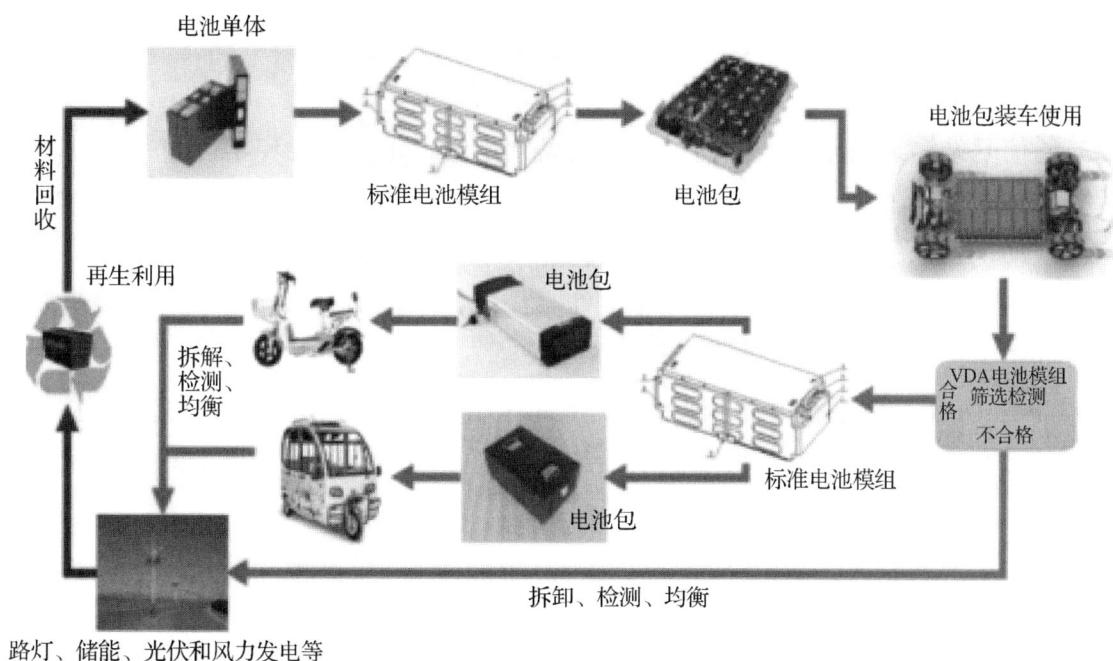

图 7-5　退役动力电池梯次利用领域

（三）电池生命周期

如果退役动力电池梯次利用技术提高、经济成本下降，在梯次利用领域，动力电池的生命周期、使用价值将会得到充分发挥，可以缓解大批量退役动力电池进入回收阶段的压力，

有效减少相应资源的消耗量，提高资源利用效率。电池生命周期如图7-6所示。

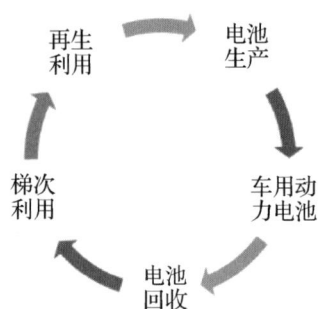

图7-6　电池生命周期

在电池生命周期中，电池的性能、安全性、成本和环境影响是关注的重点。电池的生命周期评估（LCA）是一种评估电池环境影响的重要工具，有助于研发更环保、性能更优的电池技术。

随着新能源汽车产业的快速发展，电池的回收和再利用问题日益受到重视。电池的生命周期管理不仅有助于减少环境污染，还能提高资源利用效率，降低成本，对于推动可持续发展具有重要意义。

引导问题2：

请查阅相关资料，简述退役动力电池梯次利用的目标市场。

三、退役动力电池梯次利用的目标市场

目前，当动力电池到了国家规定的使用寿命之后，便可以对其进行梯次利用，退役动力电池梯次利用的目标市场主要有以下几个。

（1）低速电动车：当动力电池容量降低到无法满足高速电动车的需求时，这些电池可以用于低速电动车，因为低速电动车对电池性能的要求相对较低。

（2）储能系统：退役动力电池可以用于储能系统，如电网储能系统、家庭储能系统或商业储能系统，特别是对放电功率要求不高的场合。

（3）通信基站：通信基站需要将电池作为备用电源，退役动力电池因较长的循环寿命和较高的安全性，适合作为这类应用的电源。

（4）电动工具：一些电动工具对电池的性能要求不高，可以使用退役动力电池。

（5）太阳能和风能系统：在太阳能和风能系统中，退役动力电池可以用于储存由可再生能源产生的电能。

（6）UPS：UPS也是退役动力电池梯次利用的潜在市场，特别是需要较大容量电池的场合。

（7）城市照明系统：在一些城市照明系统中，退役动力电池可以用于储存夜间照明所需的电能。

退役动力电池的收集要求如下。

（1）在具备资源化利用条件的地区，鼓励分类收集废旧动力电池。

（2）禁止在收集点进行废旧铅酸动力电池的电解液排空工作。

（3）在收集过程中禁止去除电池的原有编码、标签、标识等。

（4）在收集过程中应保持废旧动力电池的结构和外形完整，严禁私自拆卸废旧动力电池，已破损的废旧动力电池应单独存放。

（5）应对收集到的废旧动力电池模组或电池包进行余能检测，评估其残余容量，应将可梯次利用的废旧动力电池与不可梯次利用的废旧动力电池分开。

四、退役动力电池梯次利用的意义

长期来看，假如一些技术难点得以解决，在大型和超大型商业储能与电网储能市场，退役动力电池梯次利用也会有广阔的前景。

实际上，储能产品的经济效益测试和商业模式探索非常复杂，但有一点比较明确，采用可梯次利用的退役动力电池，成本远低于新动力电池，可消除储能产品大规模应用的最大障碍，带来更为明显的经济效益和社会效益。

（一）资源再利用

虽然退役动力电池不适合继续服务于电动汽车，但仍具有一定的容量和循环寿命，通过科学合理的梯次利用，可以将其余能发挥到其他领域，有效延长其生命周期，实现资源的最大化利用。动力电池中含有大量的金属元素，镍等金属元素在我国储量较丰富，但是钴等金属元素在我国是稀缺的，可以对其进行二次利用。

（二）经济效益

退役动力电池梯次利用降低了储能设备、备用电源等领域对新电池的需求，节省了大量生产成本。此外，退役动力电池梯次利用产生的经济效益可以抵消一部分回收处理成本，形成经济效益闭环。

（三）环境保护

退役动力电池如果不妥善处理，其含有的重金属、电解液等物质可能会对环境造成污染。通过退役动力电池梯次利用，可以减少废旧动力电池的直接废弃，降低其对生态环境的危害。

五、废旧动力电池回收行业发展现状

随着动力电池性能的提升，退役动力电池梯次利用的价值大大提高，国内企业也开始在退役动力电池回收和梯次利用领域展开布局。虽然目前废旧动力电池梯次利用在国内外均处于初始研究阶段，但退役动力电池梯次利用具有广阔的发展前景。

（一）报废拆解是当前主流

动力电池的拆解回收目前主要针对的是正极材料，回收方法有干法回收、湿法回收和生物回收。表 7-1 所示为动力电池正极材料回收方法的优缺点。

表 7-1　动力电池正极材料回收方法的优缺点

处 理 方 法	内　　容	优　　点	缺　　点
干法回收	使用机械分选法和高温热解法直接实现各类正极材料或有价金属的回收	可回收汞、镍、锌等重金属	易造成二次污染且能耗高，不符合国家节能减排的环保政策
湿法回收	对动力电池进行破碎分选—溶解浸出—分离回收的处理过程。主要包括湿法冶金、化学萃取和离子交换三种方式	产品纯度高，化学反应选择多，对操作和设备的要求低	速度慢，工艺复杂，成本偏高
生物回收	利用微生物浸出技术将目标组分转化为可溶化合物并选择性地溶解出来，实现目标组分与杂质组分的分离，最终回收锂、钴、镍等有价金属	成本低，污染小，能源消耗少，微生物可重复利用	微生物培养困难，浸出环境要求高

废旧动力电池的回收处理工艺因电池的种类（锂离子电池、镍氢电池等）和材料（三元锂电池、磷酸铁锂电池等）的不同而有所不同。

我国的废旧动力电池回收企业在资源再生领域已有多年经验，其工艺水平已经达到国际水准。这些企业通过不断进行技术创新和优化，提高了金属的回收率，降低了处理成本，并有效控制了二次污染。

（二）梯次利用是发展方向

在梯次利用时，电池的容量、电压等会在很少的充/放电循环次数下形成断崖式下降，对后期的使用和维护造成极大困难。

目前废旧动力电池梯次利用面临两个技术问题，离散整合技术和寿命检测技术。动力电池发展至今，不同制造商的电池的一致性较低，对废旧动力电池梯次利用造成了很大障碍。同时，整体来看，废旧动力电池梯次利用的投入成本仍高于采购新电池的成本，因此目前国内的废旧动力电池梯次利用仍处于试点阶段。

中国铁塔因其广泛的基站和储能设施布局，成为退役磷酸铁锂电池梯次利用的理想承接方。这不仅有助于电池的可持续利用，还能为中国铁塔提供稳定且经济的储能解决方案。以下是对这一情况的概述。

1. 基站和储能设施布局

中国铁塔拥有遍布全国的基站，这些基站需要稳定的电源供应，使用退役磷酸铁锂电池可以作为良好的储能解决方案，用于满足基站的不间断电源需求。

2. 政策支持

为了推动新能源汽车动力电池的回收利用，我国政府鼓励电池制造商、汽车企业和中国铁塔等合作开展废旧动力电池梯次利用试点项目。这表明政府对于促进废旧动力电池回收和再利用产业的积极态度。

3. 试点工作通知

2018 年 7 月 23 日，工业和信息化部联合其他 6 个部门发布了《关于做好新能源汽车动力蓄电池回收利用试点工作的通知》，此通知旨在扩大废旧动力电池梯次利用的试点范围，以

推动新能源汽车动力电池的回收利用工作，梯次利用试点项目如表7-2所示。

表7-2　梯次利用试点项目

国 内 企 业	相 关 项 目
中国铁塔	首批试点57个基站，运行状况良好。2017年进一步扩大试点规模，在5个省建立了总计0.3CWh的梯次利用基站。2018年1月，中国铁塔还与桑德集团等16家企业签订了新能源汽车动力电池回收利用战略合作伙伴协议
煦达新能源	2017年9月，国内首套MWh级工商业梯次电池储能系统项目在江苏投运，该储能系统成本低于1元/Wh，通过削峰填谷每天可产生625元的峰谷价差收益
中创新航	梯次利用电池已应用于中国铁塔基站，并在其园区实施了太阳能储能示范项目
宁德时代	与宇通、上汽、北汽、吉利等车企展开合作回收废旧动力电池，将其改造后用于储能
比亚迪	委托并授权经销商将废旧动力电池运到宝龙工厂进行梯次利用，将废旧动力电池运送到惠州材料工厂进行拆解回收

4. 梯次利用试点项目

通过这些试点项目可以探索和验证废旧动力电池在不同应用场景下的再利用价值，如储能、作为备用电源等，同时积累操作经验，为未来的大规模应用奠定基础。

5. 产业合作

这些试点项目促进了电池制造商、汽车制造商和通信基础设施运营商之间的合作，共同推动了废旧动力电池的回收、再利用和最终的环保处理。

6. 环保和经济效益

废旧动力电池梯次利用不仅有助于减少废旧动力电池对环境的潜在影响，还能降低中国铁塔的运营成本，实现环保效益和经济效益的双赢。

通过这些措施，我国正在积极构建一个可持续和环保的新能源产业生态系统，同时为全球新能源汽车废旧动力电池的回收利用提供了宝贵的经验。

任务二　了解废旧动力电池的回收、拆解与相关政策

◎ 任务引入 ◎

随着电动汽车市场的不断扩大，动力电池报废量逐年增长，如何安全、高效地回收和利用这些动力电池，同时遵循国家和地方的相关政策法规，是一项紧迫而又重要的任务。

◎ 任务目标 ◎

1. 了解废旧动力电池梯次利用与资源化的定义。

2. 了解废旧动力电池梯次利用的背景与目标市场。

3. 了解政策对新能源汽车发展的影响，坚定"四个自信"。

◎ 知识链接 ◎

引导问题1：

请查阅相关资料，简述废旧动力电池的回收模式。

一、废旧动力电池回收企业的运行管理体系

2020年，我国新能源汽车动力电池累计退役量达到20万吨；到2025年，需要妥善回收、处理的废旧动力电池预计将达到78万吨。

2021年8月19日，工业和信息化部、科学技术部、生态环境部、商务部、国家市场监督管理总局印发了《新能源汽车动力蓄电池梯次利用管理办法》的通知，强调要加强新能源汽车动力蓄电池梯次利用管理，提升资源综合利用水平，保障梯次利用电池产品的质量。

（一）废旧动力电池回收模式

新能源汽车保有量的持续增长，既带来了规模庞大的动力电池需求，又带来了动力电池回收和梯次利用的行业机遇，发展动力电池回收和梯次利用在避免资源浪费和减少环境污染的同时也会产生可观的经济效益和投资机会。在2008年北京奥运会期间，北京投入了50辆纯电动大客车，但目前新能源汽车市场仍未达到足够大的规模，不少整车厂还在做售前工作，对于废旧动力电池回收利用这样的新课题，相关的布局动作并不多，仅有少数"先试先行"的代表。目前的废旧动力电池回收模式主要有两种：一是对没有报废，只是容量下降，无法被电动汽车继续使用的动力电池，也就是二手动力电池进行梯次利用，即将电池拆包，对电池模组进行测试、筛选、组装并将其应用到储能等领域；二是对已经报废的动力电池进行拆解、回收与再利用，这是当前废旧动力电池回收的重点。

1. 以电池制造商为主体的回收模式（见图7-7）

图7-7 以电池制造商为主体的回收模式

电池制造商通过与电动汽车销售商合作，采用逆向物流策略来回收废旧动力电池。具体流程如下。

（1）消费者将废旧动力电池送至附近的电动汽车销售及服务点。

（2）电动汽车销售商根据与电池制造商签订的合作协议，以约定的价格将废旧动力电池转交给电池制造商。

（3）电池制造商对回收的废旧动力电池进行专业处理，提取有价值的金属成分。

（4）提取出的金属被用于生产新的电池，实现资源的循环利用。

这种合作模式不仅提高了废旧动力电池的回收率，而且有助于电池制造商降低原材料成本，同时为消费者提供了便捷的回收渠道。

2. 以废旧动力电池回收企业为主体的回收模式

国家政策鼓励电池制造商与规范的电池再利用企业通过股权合作或商业协作等方式实现"强强联合"，以建立稳固的合作伙伴关系。这种合作模式可以促进资源共享和技术互补，共同推动废旧动力电池的回收和再利用工作。具体流程如下。

（1）合作伙伴关系建立：电池制造商与电池再利用企业通过股权合作或商业协作等方式建立合作伙伴关系。

（2）第三方回收系统：第三方企业建立自己的废旧动力电池回收网络和物流体系，负责从委托企业的销售网络中收集废旧动力电池。

（3）废旧动力电池回收：消费者将废旧动力电池交给委托企业的售后服务点，由第三方企业负责回收。

（4）运输：第三方企业将收集到的废旧动力电池安全地运输到专业的回收处理中心。

（5）专业化处理：在回收处理中心，废旧动力电池经过专业的处理，包括拆解、材料回收等。

（6）电动汽车拆解：当电动汽车报废时，汽车拆解企业负责将车辆拆解，并将其中的废旧动力电池分离出来。

（7）废旧动力电池出售：汽车拆解企业将分离出的废旧动力电池出售给第三方企业。

（8）资源再利用：第三方企业对回收的废旧动力电池进行再利用，如提取有价值的金属用于新电池的生产，或将废旧动力电池进行再制造用于其他用途。

（9）遵守环保法律法规：整个回收和处理过程需要遵守相关的环保法律法规，确保废旧动力电池的安全处理和资源的环保利用。

（10）政策支持和激励措施：国家通过政策支持和激励措施，鼓励企业之间的合作，共同推动废旧动力电池的回收和再利用。

这种合作模式有助于形成完整的废旧动力电池回收和再利用产业链，实现资源高效利用和环保的双重目标。

（二）废旧动力电池回收主体

我国目前遵循的废旧动力电池处理原则是优先进行梯次利用，对于不符合梯次利用标准的电池，则进行回收拆解。根据这一原则，整车厂被指定为废旧动力电池回收的主要责任方。然而，由于整车厂通常只负责电动汽车的组装工作，而动力电池由专业的电池制造商提供，因此在废旧动力电池回收过程中，存在以下三类参与主体。

（1）整车厂：作为电动汽车的组装者和销售者，整车厂要承担废旧动力电池回收的首要责任。

（2）电池制造商：负责生产和供应电动汽车所需的动力电池，在动力电池的制造和设计方面拥有专业知识。

（3）废旧动力电池回收企业：负责废旧动力电池的收集、分类、拆解和材料回收工作，将废旧动力电池中的有价值的材料进行回收再利用。

这种三方参与的模式，虽然在实际操作中可能存在一定的复杂性，但是为废旧动力电池的回收和再利用提供了多元化的解决方案。整车厂可以利用其广泛的销售和服务网络来收集废旧动力电池，电池制造商可以提供必要的技术支持和专业知识，而废旧动力电池回收企业可以进行专业化的回收处理工作。

这三类主体需要密切合作，共同构建一个高效、环保的废旧动力电池回收体系。这不仅有助于资源的循环利用，而且符合国家对于可持续发展和环保的要求。

（三）废旧动力电池回收企业管理体系的特点

废旧动力电池回收企业管理体系的特点体现在以下几个方面。

（1）规范化管理：依据国家相关法律法规和标准，如《新能源汽车动力蓄电池回收利用管理暂行办法》，相关企业需建立规范的回收流程，确保废旧动力电池的合规收集、储存和处理。

（2）生产者责任延伸：根据相关政策，整车厂承担废旧动力电池回收的首要责任。

（3）溯源信息系统：通过溯源信息系统，记录电池的编码、流向、回收服务网点等信息，实现电池产品来源可查、去向可追、节点可控。

（4）梯次利用与再利用：对于废旧动力电池首先考虑梯次利用，如在储能系统、低速电动车等领域的利用；对无法进行梯次利用的废旧动力电池进行拆解、分离、提纯等后进行再利用。

（5）环保与安全：重视废旧动力电池的环保处理，避免在回收过程中产生二次污染，同时确保操作安全。

（6）多方合作：鼓励整车厂、电池制造商、报废汽车回收拆解企业与综合利用企业等通过多种形式合作共建、共用废旧动力电池回收渠道。

（7）市场化运作：探索动力电池残值交易等市场化模式，促进动力电池的回收和再利用。

（8）政策支持与监管：国家通过政策支持和激励措施，鼓励企业参与废旧动力电池回收，同时加强监督管理，确保企业履责。

（9）信息化管理：废旧动力电池回收和再利用信息化是当前工作的重中之重，通过引入先进的信息技术，实现废旧动力电池的追溯管理、回收过程的透明化，以及数据分析的智能化。

这些特点共同构成了废旧动力电池回收企业管理体系的核心内容，旨在通过规范化、市场化、信息化和多方合作，推动废旧动力电池的高效回收和再利用，同时保护环境和促进行业的可持续发展。

引导问题 2：

请查阅相关资料，简述废旧动力电池的回收应当遵守哪些相关规定。

二、废旧动力电池的回收

（一）废旧动力电池回收的相关规定

在我国，废旧动力电池回收（见图 7-8）要遵守一系列法律法规，以下是一些相关规定。

图 7-8　废旧动力电池回收

1. 生产者责任延伸制度

根据《新能源汽车动力蓄电池回收利用管理暂行办法》，落实生产者责任延伸制度，汽车生产企业承担动力电池回收的主体责任，相关企业在动力电池回收利用各环节履行相应责任，保障动力电池的有效利用和环保处置。

2. 标准化设计

电池制造商应采用标准化、通用性及易拆解的产品结构设计，以便未来的回收利用。废旧动力电池回收者应建立废旧动力电池分类设施。

3. 信息公开与溯源管理

整车厂需要依法公开动力电池的相关信息，并通过溯源信息系统上传电池编码及新能源

汽车相关信息，以确保电池产品来源可查、去向可追、节点可控。

4. 技术规范

我国支持开展废旧动力电池回收利用的科学技术研究，并鼓励梯次利用和再利用，推动废旧动力电池回收利用模式创新。

5. 合理利用

鼓励电池制造商与综合利用企业合作，在保证安全可控的前提下，对废旧动力电池开展多层次、多用途的合理利用。

6. 遵循环境保护标准

在废旧动力电池的收集、储存和运输过程中，应遵循相关的环境保护标准，防止有害物质泄漏和扩散。

7. 法规与标准制定

工业和信息化部与国家标准化管理委员会共同研究和制定关于拆解、包装、运输、余能检测、梯次利用、材料回收、安全环保等方面的废旧动力电池回收利用技术标准。

这些规定旨在推动废旧动力电池的科学回收、安全处理和有效利用，同时保护环境，促进资源的循环利用。

（二）废电池分类

参照 GB/T 36576—2018 对废电池进行分类，如表 7-3 所示。

表 7-3　废电池分类

类　别	名　称
使用过程、流通及回收处理领域产生的废电池	废含锌锰电池、废含锂电池、废锂离子电池、废含锌银电池、废含锌汞电池、废铅蓄电池、废镍电池、废镉电池、废燃料电池、废太阳能电池、其他废电池
生产工序产生的电池废料废件	废正极片料、废负极片料、废电池壳、废隔膜、废电池正极料、废电池负极料、废镍料、废镍材、废镉料、其他电池废料废件
其他类	

废电池分类收集如图 7-9 所示。

图 7-9　废电池分类收集

废电池分类主要依据的是其材质和组成成分，以及是否含有对环境有害的物质。以下是废电池的一些主要分类。

（1）废含锌锰电池：包括废普通锌锰电池、废碱性锌锰电池等，这类电池通常不含汞或含有微量的汞。

（2）废含锂电池：包括废锂-氟化碳电池、废锂-二氧化锰电池等，这类电池不含汞。

（3）废锂离子电池：包括废钴酸锂电池、废锰酸锂电池等，这类电池广泛应用于手机、笔记本电脑等设备中。

（4）废含锌银电池：包括废锌银电池、废锌银蓄电池等，其中废氧化汞电池属于危险废物。

（5）废含锌汞电池：包括废锌汞电池等，这类电池含有汞，属于危险废物。

（6）废铅蓄电池：包括废铅酸蓄电池等，这类电池含有铅，属于危险废物。

（7）废镍电池：包括废镍氢电池、废锌镍蓄电池等。

（8）废镉电池：包括废镍镉电池、废极板含镉的电池等，这类电池含有镉，属于危险废物。

（9）废燃料电池：包括废碱性燃料电池、废质子交换膜燃料电池等。

（10）废太阳能电池：包括废晶体硅太阳能电池、废单晶硅太阳能电池等。

（11）其他废电池：包括废镁锰电池、废铝锰电池等。

（12）废正极片料、废负极片料、废电池壳、废隔膜、废电池正极料等。

值得注意的是，一些废电池，如废氧化汞电池、废镍镉电池和废铅蓄电池，含有重金属，对环境和人体健康具有较大危害，属于危险废物。危险废物标签如图 7-10 所示。需要特别小心地对其进行分类、收集、储存和处理。

图 7-10　危险废物标签

引导问题 3：

请查阅相关资料，简述废旧动力电池的拆解步骤。

三、废旧动力电池的拆解

（一）废旧动力电池的拆解步骤

废旧动力电池的拆解是一个复杂的工业过程，涉及多个步骤。

1. 将电池包拆解为电芯

将电池包拆解为单个的电芯。这一步骤可能需要使用自动化设备，如使用全自动铣削机来切割端侧板和连接片，同时确保安全操作。

2. 电芯放电处理

在拆解前，需要对电芯进行放电处理，以确保在后续处理过程中的安全。

3. 电芯拆解出正极粉料

电芯中价值最高的部分是正极粉料，拆解出正极粉料是物理拆解的关键步骤。这可能包括盐水浸泡放电、破碎、低温烘焙以蒸发电解液和烧掉隔膜。

4. 破碎与分离

通过破碎和分离过程，将电芯中有价值的材料，如铜粉、铝粉和正极粉料分离出来。这可能涉及多次破碎和分选，需要使用磁选、气流分选、粉末颗粒大小分选和色选等技术。

5. 化学方法除胶

对于采用大量胶黏剂固定电芯和零部件的电池包，可能需要使用化学方法来除胶，以便使电芯分离。

6. 物理方法除胶

另一种除胶方法是物理方法，虽然投入较大，但安全性更高，造成的污染更少。

废旧动力电池的拆解流程需要严格遵守国家相关法律法规，并应用专用工具在技术人员的指导下进行，以确保安全、环保和效率。随着技术的发展，未来的拆解流程将更加自动化和智能化。

（二）废旧动力电池拆解注意事项

废旧动力电池拆解注意事项主要包括以下几点。

1. 安全操作规程

（1）高压安全：在拆解前，务必确保电池组已经充分放电，避免高压触电风险。穿戴好绝缘手套、绝缘鞋、防护眼镜等个人防护装备。

（2）防火防爆：在拆解过程中，要防止电池短路引发火花，操作区域应配备消防设施，严禁明火及易燃物品靠近。

（3）防止有害物质泄漏：废旧动力电池中含有电解液和其他可能对环境和人体有害的物质，在拆解时要做好防泄漏措施，如佩戴呼吸防护装备，拆解场所应设有适当的收集容器和吸附材料。

2．设备与工具

（1）使用专用工具进行拆解，避免使用非绝缘工具，防止电池短路。

（2）确保所有工具干净、干燥，防止水分引起电池短路。

3．环保与资源回收

（1）拆解过程应符合环保法规，对含有有害物质的部分进行妥善处理，尤其是电解液、隔膜等易产生污染物的部分。

（2）对于可再利用的材料，如金属壳体、铜铝导电部件等，应分类存放，以便后续的资源回收。

4．记录与追踪

（1）记录拆解过程中的各项数据，如电池状态、拆解步骤、异常情况等，以便后续的分析和追溯。

（2）对于拆解下来的电池单体或电池模组，应标明来源和状态，以便后续的性能评估、梯次利用或回收处理。

总的来说，废旧动力电池拆解不仅要求操作者具备专业技术知识和技能，而且要严格遵守安全操作规程，注重环保，以确保整个过程安全、环保、高效。

（三）废旧动力电池的拆解方法

1．拆解前的预处理

在废旧动力电池正式拆解前，需要对废旧动力电池进行预处理：

（1）在室温下进行容量检测、倍率检测、内阻检测、电压检测，并将多余电量处理释放完。

（2）记录废旧动力电池编码信息，如电池型号、电池制造商、电压、标称容量、尺寸、质量等。

（3）拆除废旧动力电池外接导线及脱落的附属件。

（4）对于液冷动力电池，应使用专用容器排空和收集废旧动力电池内的冷却液。

（5）配备灭火器和消防沙，做好绝缘防护措施。

（6）在废旧动力电池箱体显眼位置放置安全警示牌。

2．拆解顺序与步骤

废旧动力电池拆解前的预处理完毕后，应进行以下拆解步骤。

（1）解开废旧动力电池的外部封装，包括外壳、连接线缆、冷却系统等附属件，分离废旧动力电池主体。

（2）使用专用工具断开废旧动力电池与外部系统的所有电气连接，确保没有残余电流。

（3）根据废旧动力电池的内部结构，逐一分解电池模组，通常包括拆卸电池模组间的连接片、支架或固定件。

（4）进一步对电池模组进行拆解，取出电池单体，注意安全操作，避免电池短路。

（5）若电池内部含有电解液，应谨慎操作，防止电解液泄漏，并使用专用吸附材料进行收集处理。

（6）对含有有害物质的组件（如含重金属的电极材料）进行分类收集，按照环保法律法规进行安全处置。

（7）对拆解出的电池组件（如电极材料、隔膜、外壳、连接件等）进行分类存放。

四、我国废旧动力电池回收相关政策

废旧动力电池作为一种危险废弃物，对环境和人类健康有潜在威胁，处理不当不仅会污染环境，还会影响人和动植物的健康。我国废旧动力电池回收政策体系致力于规范和促进废旧动力电池的回收、利用和处置，确保资源的高效循环利用，并降低其对环境的影响。

（一）第一阶段（2017 年之前）

2017 年之前，市场上的废旧动力电池回收企业极少，相关技术规范尚不完善，2017 年我国针对废旧动力电池回收出台了若干政策，以加强管理、规范行业发展，并推动资源的综合利用。以下是对一些关键政策的概述。

（1）《电动汽车动力蓄电池回收利用技术政策（2015 年版）》：本技术政策为指导性文件，目的是指导企业合理开展电动汽车动力电池的设计、生产及回收利用工作，建立上下游企业联动的动力电池回收利用体系。

（2）《生产者责任延伸制度推行方案》：电动汽车及动力电池生产企业应负责建立废旧动力电池回收网络，利用售后服务网络回收废旧动力电池，统计并发布回收信息，确保废旧动力电池规范回收利用和安全处置。

（3）四项国家标准：2017 年我国还发布了四项国家标准，规范动力电池的回收利用，包括《汽车动力蓄电池编码规则》和《车用动力电池回收利用　余能检测》等，这些标准有助于统一管理和提高动力电池的回收效率。

（4）《促进汽车动力电池产业发展行动方案》：落实《电动汽车动力蓄电池回收利用技术政策（2015 年版）》；适时发布实施动力电池回收利用管理办法，强化企业在动力电池生产、使用、回收、再利用等环节的主体责任，逐步建立完善动力电池回收利用管理体系。

（5）重点区域的动力电池回收利用模式支持：重点围绕京津冀、长三角、珠三角等新能源汽车发展集聚区域，支持建立普适性强、经济性好的动力电池回收利用模式，并开展示范应用。

（6）《2017 年动力电池产业政策分析报告》：政策进一步加强了对上游关键材料及零部件升级、下游回收利用等环节的支持和管理规范，并加大对动力电池企业升级的支持和规范力度。

（二）第二阶段（2018—2020 年）

自 2018 年以来，废旧动力电池回收利用规范性管理政策的颁布和实施进入快车道，随着新政策的陆续出台，废旧动力电池回收体系也在逐渐完善。

《新能源汽车动力蓄电池回收利用管理暂行办法》：由工业和信息化部、科学技术部、环境保护部、交通运输部、商务部、国家质量监督检验检疫总局、国家能源局于 2018 年 1 月 26 日联合印发。

（1）该办法明确了动力电池回收利用的总则、设计生产及回收责任、综合利用、监督管理等内容。

（2）落实生产者责任延伸制度，汽车生产企业承担动力电池回收的主体责任，相关企业在动力电池回收利用各环节履行相应责任，保障动力电池的有效利用和环保处置。

（3）电池生产企业应与汽车生产企业协同，按照国家标准要求对所生产动力电池进行编码，汽车生产企业应记录新能源汽车及其动力电池编码对应信息。电池生产企业、汽车生产企业应及时通过溯源信息系统上传动力电池编码及新能源汽车相关信息。

（4）鼓励电池生产企业与综合利用企业合作，在保证安全可控前提下，按照先梯次利用后再生利用原则，对废旧动力电池开展多层次、多用途的合理利用，降低综合能耗，提高能源利用效率，提升综合利用水平与经济效益，并保障不可利用残余物的环保处置。

（三）第三阶段（2020 年以后）

2020 年以后，我国针对废旧动力电池回收的相关政策继续加强，旨在推动新能源汽车产业的可持续发展，并确保废旧动力电池回收利用的环保性和安全性。

（1）《新能源汽车动力蓄电池回收利用管理暂行办法》对后续政策的制定有指导作用。

（2）为加强新能源汽车动力电池梯次利用管理，提升资源综合利用水平，保障梯次利用电池产品的质量，工业和信息化部、科技部、生态环境部、商务部、市场监管总局联合制定了《新能源汽车动力蓄电池梯次利用管理办法》。

（3）《新能源汽车产业发展规划（2021—2035 年）》：推动动力电池全价值链发展，鼓励企业提高锂、镍、钴、铂等关键资源保障能力。建立健全动力电池模块化标准体系，加快突破关键制造装备，提高工艺水平和生产效率。

（4）《工业和信息化部办公厅 国家市场监督管理总局办公厅关于做好锂离子电池产业链供应链协同稳定发展工作的通知》：针对国内动力锂电池产业链供应链阶段性供需失衡现象，提出稳定发展的措施。

（5）《国家鼓励发展的重大环保技术装备目录（2023 年版）》：由工业和信息化部、生态环境部联合编制，鼓励加快先进环保技术装备研发和推广应用，提升环保装备制造业整体水平和供给质量，其中包括动力电池回收利用相关技术装备。

（6）《新能源汽车动力电池综合利用管理办法（征求意见稿）》：由工业和信息化部公示，

旨在加大废旧新能源汽车动力电池综合利用管理力度，促进资源循环利用，推动新能源汽车产业高质量发展。

（7）《市场监管总局关于对锂离子电池等产品实施强制性产品认证管理的公告》：自 2023 年 8 月 1 日起对锂离子电池和电池组、移动电源实施强制性产品认证管理，以提高产品的质量和安全性。

项目实施

一、岗位派工

为达到控制要求，本项目引入如下岗位，请各小组成员分别扮演其中一个岗位角色，参与项目实施。各岗位工作任务如表 7-4 所示，请各岗位人员按要求完成任务并在实训工单七中做好记录。

表 7-4　各岗位工作任务

岗　位　名　称	角　色　任　务
废旧动力电池回收专员	负责与终端用户、汽车厂商、经销商等建立联系，回收废旧动力电池，确保回收过程的安全与合规
电池检测工程师	使用专业设备对回收的电池进行性能测试，包括对剩余容量、内阻、安全性能等关键参数进行评估，判断电池是否适合梯次利用或是否可以直接进入资源化处理环节
电池数据分析师	根据测试数据分析电池的健康状况和潜在价值，为后续处理方案提供数据支持
梯次利用技术员	根据检测结果对适宜梯次利用的电池进行拆解、重组、包装，使其适应新的应用场景，如储能系统、微型电网、备用电源等
电池拆解工程师	对不具备梯次利用价值的电池进行安全拆解，分离出电芯、外壳、电解液等组件
环境安全专员	监控拆解和回收过程，确保符合环保法律法规，处理废水、废气和废渣，减少其对环境的影响
质量监督员	负责整个检修项目的质量监督工作，确保项目质量符合相关标准和要求

二、技术认知

1. 回收收集

（1）废旧动力电池接收：与整车厂、维修服务中心、4S 店等建立废旧动力电池回收渠道，确保电池的安全收集和运输。

（2）初步检测与分类：对回收的电池进行初步的性能检测和分类，挑选适合梯次利用和直接资源化处理的电池。

2. 检测评估

（1）全面检测：使用专业设备对电池进行详细检测，包括剩余容量、内阻、电压一致性、安全性等方面，评估其梯次利用的可行性。

（2）数据记录与分析：记录每块电池的检测数据，生成评估报告，分析其剩余价值和潜

在应用场景。

3. 梯次利用

（1）电池重组与封装：对适合梯次利用的电池进行重组，确保电池组内各电池单体的性能接近，同时进行安全封装。

（2）BMS 定制与优化：根据新的应用场景，设计和优化 BMS，确保电池在新应用中安全、稳定运行。

（3）应用场景对接：将能梯次利用的电池应用到储能电站、备用电源、低速电动车、智能家居储能等领域。

4. 资源化回收

（1）电池拆解与破碎：对无法梯次利用的电池进行安全拆解，去除外壳和包装物，对电芯进行破碎处理。

（2）电池物料分离与提纯：通过湿法冶金、火法冶金等方法，将破碎后的电池物料进行分离和提纯，回收其中的锂、钴、镍、锰等有价值的金属元素。

（3）环保处理：妥善处理拆解过程中产生的废水、废气、废渣等，确保符合环保法律法规的要求。

5. 产品质量控制与安全管理体系

（1）产品质量控制：对梯次利用产品和回收的金属原料进行严格的质量检测，确保其符合行业标准和应用要求。

（2）安全管理体系：建立完善的安全管理制度，涵盖回收、运输、储存、拆解、利用等全流程，确保操作安全。

6. 政策法规与认证

（1）法规遵循：密切关注国家和地方关于废旧动力电池回收和再利用的法律法规，确保项目实施符合政策要求。

（2）技术创新和合作：推动企业与科研机构合作，加强回收技术研发和专利技术保护，提高智能机器人的电池拆解水平。

（3）政策支持和激励措施：国家通过政策支持和激励措施，鼓励企业参与废旧动力电池回收工作，同时加强监督管理，确保企业履责。

这些措施共同构成了废旧动力电池梯次利用与资源化项目实施的框架，旨在通过规范化、市场化、信息化和多方合作，推动废旧动力电池的高效回收和资源化利用，同时保护环境和促进行业的可持续发展。

三、考核评分

完成任务后，由质量监督员和教师分别进行任务评价，并填写表 7-5。

表 7-5　任务评价表

项　目	评　分　点	配　分	质量监督员评分	教　师　评分	备　注
理论知识掌握	梯次利用与资源化的定义	5			
	退役动力电池梯次利用的意义	5			
	废旧动力电池回收模式	2			
	废旧动力电池的拆解	3			
	废旧动力电池回收政策	5			
实操技能	对废旧动力电池的拆解	20			
数据分析能力	能够分工查找资料，正确地了解相关信息及行业前沿	10			
故障诊断与处理	诊断和区分废旧动力电池的种类及回收办法	20			
职业素养	小组成员间沟通顺畅	3			
	小组有决策计划	5			
	小组内部各岗位分工明确	2			
	操作完成后，工位上无垃圾	5			
	职业操守好，完工后工具和配件摆放整齐	5			
安全事项	在安装过程中，无损坏元器件及人身伤害现象	5			
	在通电调试过程中，无短路现象	5			
评分合计					

实训工单七　废旧动力电池梯次利用与资源化

一、接受任务

以下是一个示例性的实训工单，用于指导技术人员对废旧动力电池进行梯次利用与资源化。按照规范作业要求完成废旧动力电池梯次利用与资源化的操作步骤，完成数据采集并记录。

二、制订计划

根据前面所了解的知识和在小组内部讨论的结果制定工作方案，指定负责人，落实各项工作，如任务实施前的准备工作、实施过程中的主要操作及协助支持工作、实施过程中相关要点和数据的记录工作等，工作计划表如表 7-6 所示。

表 7-6　工作计划表

步　骤	工　作　内　容	负　责　人
1		
2		

续表

步 骤	工 作 内 容	负 责 人
3		
4		
5		

根据计划完成学生任务分配，如表 7-7 所示。

表 7-7 学生任务分配表

班级		组号		指导教师	
组长		学号			
组员分配					
信息员			学号		
操作员			学号		
记录员			学号		
安全员			学号		
任务分工					

三、任务实施

（一）废旧动力电池梯次利用与资源化

项目名称	废旧动力电池梯次利用与资源化				
派工岗位		施工地点		施工时间	
学生姓名		班级		学号	
班组名称		同组成员			
实训目标	1. 掌握废旧动力电池的回收、检测、评估流程。 2. 学习并实践电池模组的拆解与重组技术，实现废旧动力电池的梯次利用。 3. 应用资源化回收工艺提取有价值的材料。 4. 强化安全环保意识，严格遵守相关法律法规与操作规程。				
一、废旧动力电池回收与初步检测					
1. 回收收集：模拟回收废旧动力电池，记录电池的基本信息，如型号、批次、剩余容量等。 2. 安全检查：检查电池外部有无破损、渗液等异常现象，确保安全搬运与储存。 3. 初步检测：使用检测仪器测量电池的电压、内阻、温度等关键参数，初步评估其梯次利用潜力。					
二、电池模组拆解与重组					
1. 安全防护：穿戴好个人防护装备，按照操作规程进行电池模组的拆解。 2. 电池模组拆解：应用专用工具安全地拆解电池模组，记录电池单体的性能数据。 3. 电池单体筛选与重组：根据检测结果，筛选出适合梯次利用的电池单体，按照预定规格进行重新组合，安装新的BMS。					
三、资源化回收演示					
1. 失效电池处理：对不适宜梯次利用的电池进行拆解和破碎。 2. 电池物料分离：通过实验或参观真实生产线，了解湿法冶金、火法冶金等回收技术，观摩金属分离提取过程。 3. 环保设施考察：察看废水、废气、废渣处理设施，了解资源化回收过程中的环保要求。					

四、实训要求
1. 所有实训人员必须严格按照操作规程和安全规定进行实训，确保人身安全和设备安全。
2. 认真记录实训过程，整理实训报告，分析并总结经验教训。
3. 完成实训后，对实训成果进行评估，包括对回收率、梯次利用成功率、资源回收效率等关键指标进行评估。

五、遇到的问题及解决措施
遇到的问题：
解决措施：

六、收获与反思
我的收获：
我的反思：

七、综合评分	

（二）废旧动力电池拆解

项目名称	废旧动力电池拆解				
派工岗位		施工地点		施工时间	
学生姓名		班级		学号	
班组名称		同组成员			
实训目标	1. 掌握废旧动力电池的安全拆解流程与操作规范。 2. 学习并实践电池拆解关键技术，如高压安全隔离、电池包结构解析、电池单体拆解等。 3. 加强对环保法律法规的认识，确保拆解过程符合环保要求。				
一、实训准备					
1. 安全培训：学习高压安全操作规程，正确穿戴个人防护装备，熟悉应急处置措施。 2. 电池信息记录：获取待拆解电池的基本信息，如型号、容量、电压等。					
二、电池预处理					
1. 电池放电与高压隔离：使用专用设备确保电池完全放电，并进行高压隔离。 2. 电池包外部检查与标记：检查电池包外部有无破损、电解液泄漏等异常情况，做好标记以便后续处理。					

三、电池包拆解
1．外部结构拆卸：拆除电池包的外壳、连接线束、固定支架等非核心组件。 2．电池模组拆解：根据电池包的内部结构，依次拆解电池模组，记录电池模组的序号与状态。 3．电池单体拆解：在确保安全的前提下，使用专用工具对电池单体进行拆解，分离电芯、外壳、隔膜等组件。
四、电池组件分类与存储
1．组件分类：将拆解后的电池组件（电芯、外壳、电解液、铜箔、铝箔等）分类存放。 2．废物处理：妥善处理拆解过程中产生的废物，特别是电解液等有害物质，确保符合环保要求。
五、遇到的问题及解决措施
遇到的问题：   解决措施：
六、收获与反思
我的收获：   我的反思：

七、综合评分	

四、评价反馈

（1）各小组代表展示 PPT，介绍任务的完成过程。

（2）以小组为单位，对各小组的操作过程与操作结果进行自评和互评，并将评价结果填入表 7-8 中的小组评价部分。

（3）教师对学生的工作过程与工作结果进行评价，并将评价结果填入表 7-8 中的教师评价部分。

表 7-8　实训评价表

班级		组号		姓名		学号	
实训任务							
评价项目		评价标准				分值	得分
小组评价	计划决策	制定的工作方案合理可行，小组成员分工明确				10	
	任务实施	能够正确检查并设立实训工位				5	
		能够准备和规范使用工具与设备				5	
		能够正确拆解废旧动力电池				20	
		能够正确识别并选择个人防护装备及操作工具				20	
		能够规范填写实训工单				10	
	任务达成	能按照工作方案进行操作，按计划完成工作任务				10	
	工作态度	认真严谨，积极主动，安全生产，文明施工				10	
	团队合作	小组成员积极配合，主动交流，协调工作				5	
	6S 管理	完成竣工检验，现场恢复				5	
		小计				100	
教师评价	实训纪律	不出现无故迟到、早退、旷课现象，不违反课堂纪律				10	
	方案实施	严格按照工作方案完成任务				20	
	团队协作	任务实施过程互相配合，协作度高				20	
	工作质量	能准确区分废旧动力电池的种类并掌握回收办法				20	
	工作规范	操作规范，三不落地，无意外事故发生				10	
	汇报展示	能准确表达，总结到位，改进措施可行				20	
		小计				100	
综合得分	小组评价得分×50%+教师评价得分×50%						